子どものボールゲーム指導プログラム

バルシューレ

~幼児から小学校低学年を対象に~

奥田知靖 編

NPO法人バルシューレジャパン 監修

創文企画

まえがき

　子どもの体力低下が問題とされるようになって久しい。体力の低下は同時に動き方の能力の低下も意味している。つまり、走るのが遅くなったのは足の運びが遅くなっただけでなく走る動きの質の低下でもある。また、ジャンプ力の低下は同じ動きで記録だけが減少しているのではなく、腕の使い方をはじめとして全身の動きのコーディネーションがうまくいっていないことにも起因している。これは走ったり跳んだりする機会が日常生活から少なくなってきていることが大きな理由となっているため、学校体育やその他のスポーツ活動で動きの形成トレーニングを取り入れることの必要性を示唆している。

　動きのトレーニングを取り入れるといっても、それが子どもの指導としてふさわしいものであるかどうかは検討を要する。たとえばスポーツテストにおける持久力の低下に対する対処として、毎日子どもに持久走を行わせれば確かに記録の改善はみられるであろう。しかし、このような動物の調教的発想から行われた運動指導では、人間が生涯にわたって運動を楽しむ態度につながっていくはずない。楽しみながら、達成感を得ながら、さらに自らの動き方について考えながら運動を行うところに、動物の"行動"レベルを超えた人間の"行為"としての運動特性がある。

　さらに、スポーツにおける重要な能力として、状況の意味を読む力、ゲームでいえば戦術的能力などは一般に行われている測定テストではまったく把握することができない。たまたまあるコースを走ったのか、あるいは相手の動きを先取りしてそのコースを採ったのかは機械で測って区別することはできない。したがってそのような能力の向上に関しては、子どもの動きの意味を理解できる指導者でなければ効果的なトレーニングを進めることはできない。

　このような現代社会における子どもの運動生活を考えたとき、バルシューレのスポーツ教育的意義がクローズアップされる。

バルシューレとは？

　バルシューレ（ドイツ語：Ballschule ＝英語：ball school）はドイツ・ハイデルベルク大学で創設された子どものためのボール運動教室である。ハイデ

ルベルク大学のロート（Klaus Roth）教授によって 1998 年に開設された "バルシューレ・ハイデルベルク" の思想は全ドイツに広まり、現在はドイツ以外の国々でも広がりを見せている。

　なぜこのように社会、あるいは学校に受け入れられたかは以下に述べるような創設理念などからうかがい知ることができる。

　"すべての子どもにスポーツを" という主旨で始まったバルシューレは、最新のスポーツ科学の知見に基づき、次の 4 つのスローガンに従っている。
　・多面的な運動を経験すること
　・子どもは小さな大人ではない
　・遊び（ゲーム）が上達の最上の道
　・習う前にやってみること

　バルシューレには、"自由にプレーさせる" という重要な方針がある。これは、人間ははっきりと明文化された学習内容でなくても、あるいは何を学んでいるかを知らなくても自ずと学ぶことができるという認識に基づいている。知識や能力は、直感的に、無意識的に、ゲームの中で身につくものである。これは潜在的学習といわれる。だからバルシューレにおいては、"自由なプレーが上達の最上の道" と考え、"習う前にやってみること" を重視する。子どもは、ひとつひとつ細かく教えられ、欠点を直すように指摘されることはない。ゲーム中に絶えず何に注意すべきかについて言われている子どもは、自分の注意の範囲を狭いものにしてしまう。たとえば指導者に指摘されて、味方、あるいは相手のプレーヤーの動きばかり見ていると、ゲームで起きているその他のできごとが見えなくなる。つまり、見る対象を制限してしまうと、思考も限定的になり、子どもの創造性は育たなくなる。

　バルシューレでは、子どもにふさわしいゲーム形式、練習形式を提供する。それは、多面的で、創造的な運動発達を支えるものであり、運動の欠陥を埋め合わせ、才能を伸ばすものである。現代は運動の機会が減ったといっても、かつての遊び時間・空間や、近年では失われた路上遊びの文化などを単純に取り戻そうというのではない。バルシューレのモットーとして、"量より質" を謳っているが、これはただ運動量を増やせばよいということではなく、運動発達促進に効果的な運動・ゲームを精選することを意味している。

バルシューレの目標、内容、方法は、ゲームで子どもが楽しみながら効果的にスキルを獲得することを目的にしている。その特徴は次のようにまとめられる。

・科学に基礎づけられたコンセプト
・特別にトレーニングされた指導者
・変化のあるゲーム素材
・多様な形式での提供

わが国にバルシューレを紹介したのは、故木村真知子教授である。ロート教授と親交の深かった木村氏は、ハイデルベルク式バルシューレを勤務先である奈良教育大学で開校した。大学と地域が協力し合って発展させていく奈良教育大学バルシューレは、学校体育界やスポーツ研究学会等において大きなセンセーションを巻き起こした。しかしその後、木村教授は病に伏され、帰らぬ人となられた。後述されるように、氏の遺志を継いで奈良教育大学バルシューレはその後も活発に活動を続けている。

本書は、奥田と佐藤がロート教授のもとを訪れ、日本向けの指導者講習会用のテキストの作成協力を打診し、快諾を得たことから、出版を計画したものである。内容は、ロート教授らがこれまで出版してきた小学校年代を対象とした指導書［Roth, K. & Kröger, C.(2011). Ballschule - ein ABC für Spielanfänger. Schorndorf: Hofmann.］、幼児年代を対象とした指導書［Roth, K., Roth, C., Hegar, U. (2014). Mini-Ballschule: Das ABC des Spielens für Klein- und Vorschulkinder. Schorndorf: Hofmann］に加え、小学校体育授業へのバルシューレの導入に向けた指導書［Roth, K., Damm, T., Pieper, M., Roth, C. (2014). Ballschule in der Primarstufe. Schorndorf: Hofmann］における理論および実践編を引用・参考として取り入れ、日本の実情に合わせて改編したものである。またこれに先立ち、わが国でも故木村教授によるテキストブック［木村真知子（2007）子どものボールゲーム　バルシューレ，創文企画：東京］が出版されていたが、これからも引用させていただいた。

本書の第Ⅱ部の実践編で紹介されているさまざまな練習およびゲームは、ロート教授とともに Christian Kröger 教授（ドイツ・キール大学）、Christina Roth 博士、および Ulrike Hegar 博士（ハイデルベルク大学）らによって考案されたものである。

子どものボールゲーム指導プログラム

バルシューレ
~幼児から小学校低学年を対象に~

目　次

まえがき…1

第Ⅰ部
バルシューレの
基礎理論…9

1．バルシューレの基本原理…10
2．幼児のバルシューレ（ミニバルシューレ）のコンセプト…15
3．小学校低学年のバルシューレのコンセプト…27
4．バルシューレの方法論…33
コラム1：現代社会における子どもの運動・スポーツ環境—その現状と課題—…42
コラム2：子ども時代の運動が大人になってからの健康を支える！—運動・体力と健康の関係—…45
コラム3：運動は脳も鍛える！—運動・体力向上と脳機能の関係—…46

第Ⅱ部
バルシューレの
実践プログラム…47

1．プログラム実施における基本的事項…48
2．教育的視点からのアドバイス…52
3．1回のプログラム実施例…57
4．ゲームおよび練習のプログラム…60

A領域：戦術…62

1　ゴー・スルー…63
2　熊の巣穴…64
3　インベーダーボール…65

4	クリーン大作戦…66		36	ゾーンボール…94
5	当てっこ…67		37	ブルドッグ…95
6	恐竜サッカー…68		38	タッチ・プレーヤー…96
7	通り抜けドリブル…69		39	空飛ぶボール…97
8	ラインボール運び…70		40	ホットポテト…98
9	ボール運び…71		41	プレルボール…99
10	シューズホッケー…72		42	オーバーネットパス…100
11	ベンチサッカー…73		43	スパイボール…101
12	UFOを追い出せ…74		44	浮島パス…102
13	箱当て…75		45	パンサーボール…103
14	ロールボール…75		46	パス鬼ボール…104
15	城ボール…76		47	鬼っこボール…105
16	ドリブル・ティッカー…77		48	チェンジボール…106
17	すき間を探せ…78		49	ラインボール…107
18	シュートボール…79		50	ワイドゴール…108
19	離れ小島…80		51	門破り…109
20	渡り鳥…81		52	タマゴめぐり…110
21	タイガーボール…82			
22	アドバンテージボール…83		**B領域：コーディネーション…111**	
23	キングボール…84			
24	ゾンビボール…85		1	風船キャッチ…112
25	インターセプトボール…86		2	ダブル風船…113
26	中抜きボール…87		3	コーンボールキャッチ…114
27	マットボール…88		4	宝探し…115
28	フライトボール…89		5	鉄道…116
29	的当てボール…90		6	スケート…116
30	リバウンドボール…90		7	転がしパス…117
31	壁当てボール…91		8	動物コーン…118
32	逆さシュート…91		9	コーンタッチ…119
33	ループボール…92		10	コーンの森…120
34	バックボール…92		11	トンネルボール…121
35	パスを回してゴール…93		12	2人組風船キャッチ…122
			13	2人組投げ上げキャッチ…123

14 ボールリレー…124

15 リングの占有…125

16 きのこ狩り…126

17 的当て競争…127

18 じゃんけんシュート…128

19 サーキット…129

20 ボールまわし…130

21 バランス…130

22 タップ…131

23 股下キャッチ…132

24 バウンド…133

25 ボール停止・キャッチ…134

26 空中ボールコントロール…136

27 壁当て―課題キャッチ…137

28 壁当てゾーンキャッチ…138

29 箱当てリレー…139

30 ラインドリブル…140

31 ドリブルストップ…140

32 ゾーンドリブル…141

33 反応ドリブル…142

34 2ボール連続壁当て…143

35 2ボール投げ上げキャッチ…143

36 2ボールドリブル…144

37 ドリブル＋操作…145

38 ジャンプ＋ボールキャッチ…145

39 対面パス…146

40 対面パス（動きながら）…146

41 関門シュート…147

42 関門パス…147

43 2ボール対面パス…148

44 2人組―回転パスキャッチ…149

45 2人組リターンパス…150

46 2人組ドリブル＋パス（その場で）…151

47 2人組ドリブル＋パス（動きながら）…152

48 2人組風船＋パス…153

49 ドリブル＋風船…153

50 ドリブルタッチ…154

51 パスカット…154

52 グループパス…155

―――――――――――――――

C領域：技術…156

―――――――――――――――

1 スカーフキャッチ…157

2 ダンプカー…158

3 風船＋スティック…159

4 壁当てボール入れ…160

5 動物の森…161

6 マット島…162

7 リング引越し…162

8 ライオン…163

9 4大陸…163

10 ねことねずみ…164

11 しっぽとり…164

12 的抜き…165

13 ゴールをねらえ！…165

14 ボールをねらえ！…166

15 リングをねらえ！…166

16 かごをねらえ！…167

17 人をねらえ！…167

18 壁紙をねらえ！…168

19 スカーフをねらえ！…168
20 対面風船打ち…169
21 ゴールキーパー…170
22 背後ボール停止…171
23 ボールの軌道を推測…172
24 ワンバウンドキャッチ…174
25 ネットボールキャッチ…175
26 風船あそび…176
27 壁打ちキャッチ…177
28 ボール打ち返し…177
29 ライン鬼…178
30 こおり鬼ドリブル…178
31 変換ドリブル…179
32 ラインドリブルからパス…179
33 グループドリブル…180
34 壁パス…181
35 ショートタッチパス…181
36 連続壁打ち…182
37 コーン間ドリブルパス…183

38 コーン間連続パス…184
39 四角形パスラン…185
40 円形パス…186
41 ナンバーパス…187
42 手渡しドリブル…188
43 ドリブルキープ…189
44 ゾーンパスカット…190

コラム4：バルシューレでスポーツ
マンを育てる…191
コラム5：バルシューレの特性から
みる障害児者福祉分野での実践可能
性…192

日本におけるバルシューレの展開…
194
文献…197
著者紹介…199

第Ⅰ部

バルシューレの基礎理論

1．バルシューレの基本原理

　バルシューレのモットーは様々なボールを使って、様々なゲーム空間で、多様な運動経験やゲーム経験を積むこととしている。指導プランの基本的な考えは、統合（融合）的なボールゲーム指導の実践という立場に立っている。

　統合（融合）とは次のように理解される。多種多様なボールゲームの全体を俯瞰すると、巧みにこなすためのいくつかの能力特性が認められる。それらの能力は類似点も多いが、すべてのゲームに同じように関わるのではない。そのため、それぞれ固有の特性を持ったゲームを数多く体験することが必要となる。それによって諸能力が最終的に統合（融合）された実践力となって機能する。

　バルシューレは、多様なボールゲームに共通の、あるいは重なり合った、そして互いに絡み合った専門能力の向上を図ることに向けられている。これらの能力は、後に高度なボールゲームを学習する際、スキルが互いに関係しあうネットワークの連結機能の役割を果たす。

　この種の統合的な能力の指導と学習が子どもの多様な能力の発達に効果的に機能することは多くの研究で検証されている。例えば素晴らしい成績を残したボールゲームの選手に、かつての運動歴およびスポーツ歴について尋ねてみると、ほとんどすべての選手が述べているのは、高度なレベルに至る途上（とくに専門的スポーツを始める以前）では、包括的なスポーツの横断的トレーニングを行っていたということである。この研究では、ボールゲームの専門化以前に、特定の種目にとらわれない共通的経験を積むことが後の専門的スキルの獲得に対してよい影響を及ぼすことを示しており、早い時期の多様な経歴がボール使いの達人になることの共通点としてはっきり現れていたといえる。つまり、多様なゲームの実践の中で、そして様々なボールを使うことによって、多面的な「専門能力の獲得」が行われていたのである。このようなボールゲームの統合的指導法において獲得される共通的課題解決能力は個別ボールゲーム種目のスキルの習得と改良に対して高い転移可能性をもっているといわれている。これらの背景から、バルシューレの基本的原理として次の4点が挙げられる。

1）多様な運動を経験すること

　バルシューレでは、ボールゲーム種目にとらわれない共通（種目横断）的能力の指導という目標設定のもとに、統合（融合）的指導モデルを考えている。目標とされるのは、あらゆるスポーツのプレーに対して効果的な学習を保証する幅広い基本運動である。これらの基礎能力が、後に個別ボールゲーム種目へと発展したときの土台として機能する。つまり、「一般から個別へ」が重要な方針となる。したがって、バルシューレの指導では子どもの多面的な能力をできるだけ伸ばすため、多種多様な運動、ゲーム、さらに用具が選択される。個別のボールゲーム種目の専門家を養成するのではなく、小さなオールラウンダーを目指す。

バルシューレの段階的学習構造

　バルシューレでは、段階的な学習構造がある。バルシューレの統合（融合）的指導理念は、「一般から個別へ」の方針と不可分な関連にある。図1の第1段階は、ベビーバルシューレ（1歳半〜3歳）、ミニバルシューレ（3歳〜6歳）および小学校低学年のバルシューレ（6歳〜8歳）を通じての共通的専門能力のトレーニングであり、その後、大まかに方向づけられたボールゲームのトレーニングである第2段階を経て、第3段階で個別種目への移行が目指される。その際、次のような能力の習得が前提とされる。

- ・打ち返し型ゲーム、ゴール型ゲーム（蹴る・打つ）、そしてゴール型ゲーム（投げる）の基本形態およびスキルを獲得している
- ・ゲームにおける打撃用具の適切な使用ができる
- ・バスケットボール、サッカー、ハンドボール、バレーボールなどのミニゲームへの導入のために足や手で様々なボール操作ができる
- ・2大類型である打ち返し型ゲームおよびゴール型ゲームのためにゲームおよび練習を組み合わせることができる
- ・ボールゲーム種目に関する基本技術、またはゲームの戦術的基礎能力を獲得している
- ・それぞれの個別種目のゲーム理念の理解、およびルールを効果的に利用できる
- ・選手としてチームに貢献する役割を果たすことができる

第Ⅰ部　バルシューレの基礎理論　　*11*

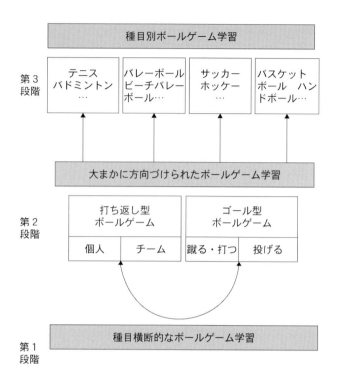

図1 一般から個別への発展図

各段階に指定した年齢はあくまでも目安であり、これまでどのような運動経験をどのぐらい積んできているかによって、その子どもに適した学習段階が変わる。また、すでにスキルレベルの高い子どもであっても補助的に第1段階に戻って練習することは意味のあることである。

　ボールゲーム種目における共通的能力のトレーニングは、徐々に質が高められ、正式なボールゲーム種目へ近づけられていく。その際、個別種目的運動と種目共通的運動内容の配分について配慮しなければならない。一般的には、最初は共通的運動が主であり、4年生以降に次第に個々のゲームへと移行していく。

　本書では小学校低学年の段階までが扱われるため、中学年および高学年のボールゲーム種目への発展については詳しい説明はないが、図1に示されるような発展モデルが指導理念の根底にある。つまり、小学校1・2年までのゲームおよび練習の時間は、専ら種目横断型共通的トレーニングに費やされるこ

12

とになる。

　3・4年になると、個別ボールゲーム種目を部分的に融合した専門能力が加わる。この際のボールゲームの分類は、これまでの長い研究の成果をもとにしている。近年では、打ち返しゲームとゴール型ゲームの2つに大きく分けられ、さらに、打ち返しゲームは個人のゲームとチームのゲーム、ゴール型ゲームはボールを蹴ったり、打ったりするゲームと投げるゲームが区別される。これらにおいてもバルシューレの運動内容と方法が活用される。

　最後に高学年の段階では、個別種目の専門能力へのスムーズな移行が目指される。この一貫した発展モデルでは、子どもは数年にわたって行った種目横断型トレーニングと個別ボールゲーム種目を部分的に融合したトレーニングの後に、初めて正式なボールゲーム種目に触れることになる。

2) 子どもの発達に即したものであること

　子どもは小さな大人ではないし、幼児は小学生を小さくしたものと考えてはならない。それぞれの子どもの発達に応じて、可塑性（学習能力およびトレーニング可能性）を考慮した上で学習させる運動を適切に選択する。その際、運動発達に関するさまざまな研究成果を積極的に取り入れる必要がある。

3) 楽しいものであること

　子どもの運動にとって最も重要なことは、運動を楽しむことである。バルシューレにおいて、遊びやゲームは不可欠な学習形態である。この理由は、脳内の神経伝達物質であるドーパミンによって説明される。ドーパミンと遊びやゲーム、または学習との関係性について説明すると、ドーパミンが出ると快感情を引き起こし、（運動系）学習プロセスが促進する。これは、子どもがある行為をした後で、予想していたよりも良い結果がもたらされたときに観察される。つまりうまくいった行為はドーパミン濃度を高め、学習成果も大きい。一方、失敗はドーパミン濃度が高くならない。だからわれわれの脳はドーパミンを経由することによって正しい運動モデルだけを獲得する。このことから、バルシューレの遊びやゲームにおいて特に重要とされるのは、子どもに予期しない良い結果を体験させるということである。すぐれた報奨システムとしてのドーパミンは次に行うための動機を引き起こし、子どもたちをさらにやる気にさせる。この魔法の公式は、「学習の成果を体験で

第Ⅰ部　バルシューレの基礎理論　　*13*

きる遊びやゲーム→ドーパミン→楽しみ→次の学習の動機」となる。大人より子どもの方がドーパミン受容器の数が多いため、この公式は、子どもの場合に特に効果が大きいとされ、うまくいった体験を味わうことができる遊びやゲームは、子どもにとってまさに「ドーパミンの宝庫」となりうる。このように、運動を楽しむことで、無意識のうちに基本となるスキルを身につけることができる、いわゆる潜在的学習が可能となる。

4）潜在的学習

　ボールゲーム学習の第一歩として、ゲームは最優先である。そして、バルシューレでは、ゲーム中には子どもたちには明確な指示や、スキルの修正をほとんど、もしくはまったくしない。このような、ただ「ゲームをさせておく」ことの根拠は学問的認識に基づいており、ゲームに付随した多くのスキルを直感的で無意識のうちに獲得することができる。これを潜在的学習という。

　われわれは、単語や計算などを意識的なトレーニングによって学習する。心理学ではこれを顕在的学習というが、われわれは特に努力しなくても、副次的に知識や能力を習得することもできる。例えば、言語の文法は会話から潜在的に学習している。子どもは、普段の絶え間ない会話を通じて本質的な文法規則をマスターしている。これと同様に、バルシューレ中の戦術的課題の解決についても、子どもたちは、多面的なゲーム経験を蓄積することによって、動きや戦術的な知識の獲得を意識しなくても、状況に応じた行動を高めていくことが可能になる。

　このような潜在的学習が、なぜ状況に応じて行動する能力を向上させるかに関して、筆者らが仮定しているモデルを図2に示す。ある子どものボールゲーム中の行為を考えると、このモデルでは、行為には常に先取りが伴うということを示している。ここで言う先取りには、行為の結果はこうなるだろうという子どもの期待も含まれている。そして先取りしたことは実際に出てきた結果と比較される。子どもは思い通りにうまく行動したときには「現実の結果＝先取りしたこと」となり、自分の行為によって直面する具体的なプレー状況の問題を解決できたということを学ぶ（強化）。逆にうまくいかなかった場合は「現実の結果≠先取りしたこと」となり、子どもは、自分が選んだ行為では乗り越えられるようなプレー状況ではなかったということを学び、それゆえ別の見通しをつけなければならない（識別・修正）というこ

14

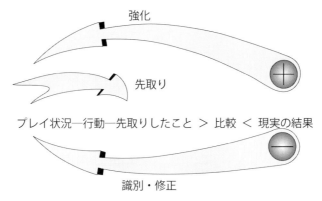

図2　行動をコントロールする先取りの構造（Hoffmann, 1993, S.44）

とを経験する。こうして子どもはひとつの戦術要素に関して、どのような状況がどのように解決されるのかを知るようになり、その知は徐々に完成度を増していく。図2で示した過程では、行為の結果は常にある必然性を伴って発生するので、基本的な状況の中でプレーしているだけで、知らず知らずの間に行動を効果的にコントロールできるような適切な先取りができるようになる。このような、プレーに付随して知らず知らずの間に経験を学習していくやり方は、現実に起こることを予想できるようになりたいという基本的欲求があるからこそ成立する。このような潜在的学習の効果については、Raab（2000）と Kibele（2006）の調査において証明されている。

2. 幼児のバルシューレ（ミニバルシューレ）のコンセプト

1) ミニバルシューレの学習内容

　将来的にボールゲームにおいて創造的なプレーができる子ども、さらにはボールゲームの選手となる子どもの育成を目標とするバルシューレにおいては、幼児の段階ではプレーを構成する基本的な動きの獲得が特に重要となる。したがって、ミニバルシューレでは、学習目標として3つの領域が存在する。
　A：運動系基礎スキル
　B：技術─戦術的基礎スキル
　C：コーディネーション基礎能力
　Aの領域は、運動系基礎スキルに関わるものであり、すべてのパフォーマ

ンスの発展の前提となる。Bの領域では、動き方の選択が問題となり、様々なゲームに幅広く適用されるものである。Cの領域では、どのように動くかという巧緻性の基礎能力が問題となる。この幼児のミニバルシューレから小学生のバルシューレへと発展する。ミニバルシューレで目標とする学習内容は表1にまとめられる。

表1　ミニバルシューレの目標領域

運動系基礎スキル（A）	技術―戦術的基礎スキル（B）	コーディネーション基礎能力（C）
捕る	ボール軌道の推測	時間のプレッシャー
止める	ボールへのアプローチの推測	正確性のプレッシャー
手でのドリブル	着球点の推測	連続性のプレッシャー
足やスティックでのドリブル	コート上の位置取り	同時性のプレッシャー
投げる	協働的なボールキープ	可変性のプレッシャー
蹴る	ギャップとスペースの認識	
打つ		

A：運動系基礎スキル領域

　幼児期の指導においては次のことに留意しておくべきである。それは、幼児期には、少なくとも、歩く、走る、引く、ずらす、振る、支える、弾むなどの要素的運動形態（ファンダメンタルスキル）が少なくとも粗形態（荒削りではあるが、大まかな運動ができる状態）のレベルに達しているように、基礎を形成しておくということである。これらの要素的運動形態は、一般的にこの年齢期で多くの子どもたちが身につけている。これらを土台として、より進んだ基礎スキル、例えば、転がる、跳ぶ、投げる、打つ、蹴るなどの運動が習得可能となる。これらの運動の習得に必要な学習能力（可塑性）が備わるのがこの年齢期の特徴である。それは、乳児期と異なり、無駄な動きが減少したり、骨格筋の過剰緊張がなくなったりすること、また身体の重心の位置が高くなってくるからである。

　この種の単純な運動は系統発生的スキルといわれる。系統的進化といってもよい。人間は、長い発展のなかでこれらを要素的運動形態として身につけてきた。そして、世界中のどこでも、普通に成長した幼児期では、これらは運動レパートリーとなっている。この系統発生的スキルの習得は、さまざま

なスキルレベルを超えてほとんど規則的に進行するという特性がある。

　ここで運動の完成形態に次第に近づいていく過程を簡単な学習モデルで考えてみる。図３は、投動作の形成モデルを例示したものである。原理的には、この場合の運動発達段階がスキップするということはありえない。しかし、その段階が現れてくる年齢は、実際の運動経験を積むことによって早めることができる。

図３　投動作の４段階の発達（Roberton, 1977）

左上（初心者段階１）：手を後ろに引いて、肘を上げ、肘の伸ばしで投げる。ステップはない。
右上（初心者段階２）：ボールを頭の後ろに引いて、肘を上げ、胴体を曲げて投げる。体のひねりはない。
左下（発達の進んだ投動作３）：上腕と胴体を適正な角度に保ち、前腕を大きく後ろに引く。しかし胴体の動きが先行し、伝動は見られない。
右下（熟練投動作４）：導入動作、腕の動き、そしてステップが成人の動きと似ている。すべての子どもがこの段階に達するわけではない。

　小学校入学が近づいてくると、すべての運動が一段と改善されたものとなる。運動の実施はより確実なものとなり（安定化）、その時々の状況により適合したものとなってくる（可変性）。そして、自分の動き方に対してあまり注意を向けなくてもできるようになる（自動化）。さらに、５歳から６歳になると運動が分化してくる（走→スプリント走・持久走；投→遠投・目標投げなど）。さらにいくつかのスキルを流動的に組み合わせることが可能と

なる。

　このＡ領域においては、表２に述べる７つの運動系基礎スキルを習得し、改善をめざして練習していくことになる。これらの運動形態を自在に実施できるようになることは、後の多様なボールゲーム活動へ効果的に関わっていくための必要条件といえる。この基礎があってはじめて技術―戦術的基礎スキル、ならびにコーディネーション基礎能力のトレーニングが可能となる。

　次の表２に挙げられた基礎スキルは、ミニバルシューレにおいて重点的にとりあげられるものである。これは、子どもに学習可能なもの（発達適合性）であることと、ボールを使ったゲームへの導入に必要なものであることから選ばれている。基礎スキルのうち２つはボールキャッチ（捕る、止める）、さらに２つのボール操作（手でのドリブル、足やスティックでのドリブル）、そしてボールパスにつながる３つのスキルである。

表2　ミニバルシューレのA領域：7つの運動系基礎スキル

捕る：飛んでくるボールを両手でキャッチし、コントロールする課題の設定。
止める：飛んでくる、あるいは転がってくるボールを足やスティックで受け止め、コントロールする課題の設定。
手でのドリブル：立った状態、あるいは走りながら片手でボールを床に連続的に弾ませる課題の設定。
足やスティックでのドリブル：ボールを足やスティックで操作する（ドリブル）課題の設定。
投げる：両手でボールを相手にパスすることや、ボールを目標に当てる課題の設定。
蹴る：足でボールを相手にパスすることや、目標に当てる課題の設定。
打つ：ラケットでボールや風船を相手にパスすることや、目標に当てる課題の設定。

Ｂ：技術―戦術的基礎スキル領域

　子どもたちは、小学校入学前にすでにいろいろなボールゲームを通して初歩的な運動系基礎スキルを習得することができる段階に入っている。それらは系統発生的運動群として形成されるものであるが、すべての子どもたちが習得しているとは限らない。これと並んで、個人として獲得しなければならない運動としての個体発生的スキル（表３に示した６つの課題）がある。ミニバルシューレにおいては、技術的および戦術的スキルに関して留意すべきことがある。それは、３歳から７歳の間では、バスケットのシュート、サッ

カーのインステップキック、あるいはテニスのフォアハンドストロークのようなよく知られた技術などはまだ正式にはトレーニングされないということである。また、個別種目のゲームのための戦術的スキルや知識も同様に課題とされない。これらの内容は発達段階にふさわしくなく、この年齢段階では成果があまりない。

　バルシューレの理念は、様々なボールゲーム種目の共通項を学ぶということである。多様なボールゲームには、程度の差はあってもすべてのゲームに何らかの関わりをもつ一連の技術・戦術的課題がある。それらを子どもの運動学習に適用するにあたり、ミニバルシューレでは、年齢やスキルレベルにふさわしいと思われる6つの一般的基礎スキルが目標領域として挙げられる。その内容は次の表3に示される。

表3　ミニバルシューレのB領域：6つの技術─戦術的基礎スキル

ボール軌道の推測：飛んでくるボールの方向と速度を推測するような課題の設定。
ボールへのアプローチの推測：ボールへのアプローチの方向と速度を推測するような課題の設定。
着球点の推測：ボールに対する構えの位置やボールの補球点またはインパクト点を推測するような課題の設定。
コート上の位置取り：空いている空間を利用すること、味方のためにスペースを作ること、あるいはパスの準備をすることが問題となるような課題の設定。
協働的なボールキープ：ボールを保持し、目標（ゴール）へ近づくために味方と協力してプレーすることが問題となるような課題の設定。
ギャップとスペースの認識：「突破」のチャンス、パス、あるいは目標（ゴール）への直接シュートにつながるオープンスペースを利用する（見つける）ことが問題となるような課題の設定。

　技術的基礎スキルの領域においては、表3の最初の3つの能力の獲得が目指される。多くのボールゲームでは、飛んでくるボールの軌道を認知することから始まる。そしてボールへのアプローチ、ならびにボールの着球点の確定がそれに続く。つまり、ゲーム経過で現れる順序に従っている。これらの3つの能力は、後になって専門的に行われるほぼすべてのボールゲームにとって重要なものである。

　戦術的基礎スキルの領域においては、ボール保持の前提としてコート上の適切な位置取りが重要である。それに続く課題設定は、協働プレーによるボールキープ、あるいは「突破」や「ゴールや得点」のためのギャップや空いて

いるスペースの認識である。

C：コーディネーション基礎能力領域

　一般的運動能力は次の3グループに分けられる。それは、体力、コーディネーション能力、そして混合型の体力―コーディネーション基礎能力である。まず、体力は特に持久力と筋力に関係し、運動におけるエネルギー供給を確立する。それに対して、コーディネーション能力は、「運動知能」に深く関連し、さまざまな運動における身体や用具の操作と調整に影響を及ぼす。要するに、高いコーディネーション能力を持っている子どもは、どんな運動も容易に習得することができる。これは、認知的能力において平均以上の知能指数を持っている人間が一般に学習能力および達成力が高いのと同様である。そして、混合型の体力―コーディネーション能力に関わるのはスピードと可動性である。

　子どもの時期は、コーディネーション能力の発達が極めて大きい。これは、身体的成長よりも中枢神経系の方が時間的に先行して成熟するためである。中枢神経系は、10歳に近づく頃の子どもはすでに大人のレベルの80％以上に達している（図4参照）。さらにこの年齢段階におけるコーディネーション能力は、トレーニング効果が極めて大きく、適切に計画された運動プログラムの実践によって、一般的な子どものパフォーマンスの倍くらいの伸び率

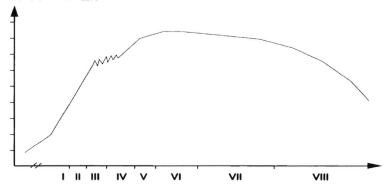

図4　コーディネーション基礎能力の一般的な発達傾向（Roth & Roth, 2009）
　　Ⅰ：幼児期，Ⅱ：小学校初期，Ⅲ：小学校後期，Ⅳ：思春期，
　　Ⅴ：青年期，Ⅵ：成人初期，Ⅶ：成人中期，Ⅷ成人後期

があるといわれる。したがって、ミニバルシューレは、一般的運動能力という領域において、コーディネーション基礎能力を特に重点化している。

例えば、バスケットボール競技のドリブルという運動を想定する。ドリブルでは、ボールに加わる力とボールの弾力性が合成されて、ボールは様々な弾み方をするが、プレーヤーはボールが触れる手の感覚を通して、様々な身体部位を動員してボールをコントロールし、リズミカルに遂行することができる。これだけでも相当なコーディネーション能力が必要とされるが、単なる「フリー空間」でドリブルができるというだけではボールゲームの場面では通用しない。あるときは時間的な制約のもとでスピーディーなドリブルが必要となるし、またあるときは相手や味方の動きに対応したドリブルをする必要がある。つまり、選手は様々なプレッシャーの中でドリブルできるようになることが求められている。これは、ボールゲーム全般に共通している課題である。したがってミニバルシューレでは、すでに獲得した技術に、表4の5つのプレッシャーを意図的に加えることによって包括的にコーディネーション基礎能力を高めることを目的としている。

この領域におけるこの5つの具体的なプレッシャーの目標設定は、現在の運動科学的知見に沿ったものであり、その判断基準はスピード、正確性、連続性、同時性、および可変性である。

表4　ミニバルシューレのC領域：コーディネーション基礎能力のための5つの課題

時間のプレッシャー：最小限の時間または最大限のスピードで行うような課題の設定。
正確性のプレッシャー：できる限り正確に行うような課題の設定。
連続性のプレッシャー：次々と切り替わる多くの運動を連続的に実行するような課題の設定。
同時性のプレッシャー：多くの運動を同時に実行するような課題の設定。
可変性のプレッシャー：環境や状況が変化するなかで運動を実行するような課題の設定。

2) ミニバルシューレにおける遊び（ゲーム）の発展

ミニバルシューレにおける遊び（ゲーム）の3形式

子どもは遊びの中で学ぶが、学ぶために遊ぶのではない。活動そのものが楽しいから遊ぶのである。ミニバルシューレの大部分は遊び（ゲーム）形式

である。これらは次の3つの形式に分けられる。

・自由遊び

・動機づけ遊び

・課題遊び（ゲーム）

　第1の「自由遊び」は、一般的には器具をセットされた運動スペースで行われる。器具は、指導者の手引きがまったくなくても自分たちで遊ぶことができるようにセットしておく。学習環境は、子どもたちが運動に集中して取り組む意欲が刺激されるようにセットしておく。幼児の運動をしようとする意欲は、自分自身からのみ生まれるのである。そして、自分の能力に応じてボールやその他の器具を使い、子どもによっては器具セットの構成を難しいものにできる。

　この段階では、ミニバルシューレの時間が、子どもを特定の達成目標まで早く到達させるプログラムであるかのように考えてはならない。そして、子どもに必要な能力は、大人の介入なしでも発達することを理解しておくことが必要である。

　自由遊びの際に気をつけることは、次の2点にまとめられる。1点目は、遊びの場の変化が多くなりすぎないようにすることである。場の変化が多すぎると、子どもがそれらをすべて行おうとした場合、それぞれの場所へ休みなく移動しなくてはならない。子どもにとって重要なことは、遊ぶための十分な時間があることである。したがって、運動の場の設定は、数時間は同じ構造にしておくか、ほんの少しだけ変化させるようにする。

　2点目は、前もって目標を与えない方が良いということである。本来の意味で、自由遊びというのは、目的から解放されたものであるという特性がある。この自由遊びは子ども自身から生じるものなので、自分のスキルレベルに完全に相応したものといえる。また、子どもは自分がしたいことだけをするので、普段の生活では見られないほど熱中する。このように、自由遊びは子どもにとって貴重なものであり、大人が自分たちの考え方を持ち込まないことが重要である。

　第2の「動機づけ遊び」では、問いかけ（〜はできる？　〜をやってみたい？）を通して子どもの想像力をかき立てる。たとえば、"食べ物を見張っておいて"、"消防士になって"、"自動車を運転して"のような一般的テーマを提示する。この際には、運動に関する物語あるいは想像的な物語も組み

「自由遊び場」の設定例

込むことができる。子どもたちは特定の役割（例えば、海賊、魔法使い、妖精、王子様、女王様、猫や犬など）を担当する。指導者が物語を話して聞かせ、子どもたちは冒険のまねをしたり、自分の想像を広げたりする。子どもたちから創造的な考えが出なくなったり集中していない様子が見られたりしたら、指導者が別の話に切りかえる。このように、物語を話すことと子どもが活動することが交互に行われる。そこでは指導者の着想の豊富さが問われることになる。また、子どもから良いアイデアが出てくれば新たに取り入れ、シナリオを変更していく。

　第3の課題遊び（ゲーム）について、2つの重要な特徴を考慮する必要がある。1点目は、誰にでもはっきり分かる内容であることである。子どもたちは、その遊びに応じた適切な進め方に従う。そこにはきちんとしたルールがあり、それぞれの子どもたちの役割が明示され、目標（例えば、できるだけ速く、できるだけ正確に）が設定されている。2点目は、遊びを繰り返すことによって個々の基本的な運動能力やスキルが、各種のプレッシャーの中で要求され、改良されていくことである。これらの遊びの例として、実践プ

第I部　バルシューレの基礎理論　　23

ログラムのゲームが参考となる。例えば、"熊の巣穴"あるいは"クリーン大作戦"（第Ⅱ部参照）などが挙げられる。それに対して、サッカーやハンドボール、バスケットボール、バレーボールなどの個別のボールゲーム種目は、この段階ではまだ行われない。

自由遊びから課題あそび（ゲーム）へ

　自由遊び、あるいは動機づけ遊びは、正式なプログラムへのアプローチとしてよく利用される。ひとつのテーマ（例えば「風船キャッチ」）で3つの遊び形態が系列にしたがって順に並べられる。つまり、最初は子どもたちが自由に遊び、それから動機づけ遊びに移り、最後に課題を付加された遊び（ゲーム）へと発展するものである。年齢とスキルが上がるにつれて、自由遊び、あるいは動機づけ遊びは減っていく。その後、課題の達成が強調されるにつれて、小学校期のバルシューレプログラムへと近づいていく。

　各プログラムでは、最初に子どもが自由な活動を経験することの価値が重

風船を使った3つの遊び形式の例（「風船キャッチ」参照）

○自由遊び例
・風船を上に投げて手でキャッチする。
・風船をキックやヘディングする。
○動機づけ遊び例
・これ（風船）は熱いジャガイモだよ。だから手で触るとやけどするよ。だからジャガイモが冷めるように、何回も空中へ打ち返そう。
・風船を使って何か面白い技を考えよう。それを練習して、みんなに見せてあげよう。
・風船を上に投げて、床に落ちるまでに自分の身体の何か所に触ることができるかな？
・風船を2回連続してヘディングできるかな？　もっと多くできる人がいるかな？
○課題遊び（ゲーム）例
・風船を上に高く投げ上げてつかんだり、もう1度上に打ち返したりする。うまくいったら、風船を打ち返している間に、体を1回ひねることや、拍手などをする。

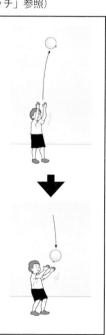

視される。その重要性は、長年にわたる観察に基づくものである。その次に動機づけ遊びへと続くが、これは遊んでいる子どもに指導者から投げかけられる「〜はできるかな」「どんな方法があるかな」といった問いかけや、「〜になったつもりで」といった想像力を引き出すような話しかけを通して行われる。最後は、あらかじめ準備された運動場面に応じて設定されたゲーム課題である。ここで、指導者は子どもたち一人ひとりの行動をよく把握する必要がある。かなり多くの子どもたちが、自由遊びや動機づけ遊びのときに、すでに目標課題（あるいは類似課題）に挑戦しているような時がある。このような時には、指導者は上手な子どもを選んでデモンストレーションさせ、他の子どもにまねをさせるように誘いかけると良い。それぞれの課題を説明する際には、課題の流れをありのままに説明することもあれば、よく似たゲーム課題を子ども向きに表現したストーリーを用いることもある。

　自由遊びと動機づけ遊びでは、どのような動き方や戦術的行動が現れるのかについて、正確な予測はできないが、課題解決を目指す課題遊び（ゲーム）では、表 1 で設定された目標をより正確に組み入れることが可能である。課題遊び（ゲーム）には、1 つ、あるいは複数の基礎能力を必要とする。自発的な行動の経験を多く積むことによって、子どもたちは手や足で、あるいはラケットをもって、ボールへの移動経路を決定したり、すき間を見つけたり、時間的なプレッシャーの中で運動を巧みに行ったりすることなどを、多様な形式で学ぶことができる。

　一般的に、課題遊びがどのグループでも最初からうまく機能するとは限らない。もし、課題遊び（ゲーム）が予測とは異なる方向へ発展したとき、子どもたちが夢中になっていて、楽しんでいるようならそのまま遊ばせておいても良い。しかし、何をして良いのか分からない子どもが数人いると、その遊びは楽しいものではなくなる。この場合、その遊びをもう一度よく説明したり、易しい内容に変更したり、あるいは後に延期したりすることを考えたほうが良い。試合（戦い、競争）をするという考えは一概に間違いというわけではないが、それが中心になることは絶対にないようにする。ミニバルシューレにおいては、小さな子どものうちからフラストレーションを感じさせたり、負けることに対する不安を生じさせたりするような指導はしない。

　ミニバルシューレの遊びのなかで行われる基本技能は多彩であり、這う、持ち上げる、運ぶ、引く、押す、支える、振る、ぶら下がって移動する、よ

じ登る、坂を登る、転がすなどの幅広い運動形態が含まれる。これらは一般的に3歳までに獲得され、設定された運動場面やストーリーなどへ並列的に組み込まれる。

3) 全人教育としてのバルシューレ

入学前の子どもにとって、バルシューレ教室に参加することはいろいろな点で挑戦である。自分の意志で入ることももちろんあるが、教師や指導者から積極的に勧められて入ることも多い。バルシューレのゲームや練習の時間は言語学習の機会にもなる。ゲームを行っているときには、子どもは言葉を正確に聞こうとするため、知らない間に似たような言葉を聞き分ける能力を身につけることができる。また書くことでも、身体部分の表記のしかたを知ることができ、「歩き方をまねする」という課題では、動物の名前や移動運動の名称を学ぶことができる。さらに、坂を登ったり降りたりすることなどを、子どもが言語で表現する方法を知るのは、自分がその運動を行うか、あるいは他者が行うのを観察してからである。子どもがボールで遊んでいて地面にバウンドさせると、「ボールが飛んでいる」と表現するが、ボールと関わる前にはそのように表現することはない。一般的に、子どもたちはゲームの中では、日常生活のなかよりも開放的、かつ自由な雰囲気で話しをする。このことがバルシューレ教室での利点となる。

数学や理科の分野においても、バルシューレ教室は多面的な学習機会を提供する。数や量(順番、数字)、幾何学的図形に関する数学的思考は、例えば、「丸く輪になって!」や「各グループがそれぞれ4個のボールをとって!」などのゲーム形態や練習形態のやり方についての事前説明を通じて学習し、また「何点とった?」や「誰が一番ゴールを決めた?」などの結果の記述を通しても学習される。さらに子どもたちは、「ボールはどのように転がるのか?」や「ボールはどのように弾むのか?」などのやさしい物理的現象を試すことや、「転がっているボールのところに行くためには自分はいつ走り出せばいいのか?」や「準備動作の大きさがジャンプの高さや投距離、打撃距離にどのように影響するか?」などを実験する。

最後に、子どもが運動やゲーム、スポーツへ参与していくことは社会的、情動的な発達に重要な影響をもたらすものであるということを指摘しておきたい。幼児のバルシューレ教室では、この年代になって初めて発達する「グ

ループにうまく溶け込む」能力を要求する。その能力は、個人としてプレーするときでも必要であるが、特に仲間とプレーする際に、他者とどう同調するか、また他者がどう行うかを見通す能力の前提となる。この年代では、一人ひとりが個別にプレーしていた状態から仲間と協働で行うゲームへと徐々に移行していく段階であるため、幼児の社会的な能力の発達は重要な課題である。子どもたちは、人間の寛容さ、尊敬の念および価値評価能力を獲得することによって、生きていくうえで必要な基本姿勢を身につけることを知るはずである。このように、バルシューレ教室は子どもたちの全人的な発達を促進させることが期待できる。

3. 小学校低学年のバルシューレのコンセプト

　小学校低学年のバルシューレは、幼児のミニバルシューレの発展として進められるが、子どもの学習内容の重点は変わってくる。小学生のバルシューレの特徴は、ミニバルシューレと同様に、それぞれのボールゲーム種目の個別（正式なボールゲーム種目）的視点からではなく、一般（種目横断）的視点から構成されることである。子どもは次の内容の習得をめざす。

- ・各ゲーム間の多様な類似性を知る
- ・仲間とうまくプレーすることを学ぶ
- ・ゲーム状況に応じて巧みに動く能力を身につける
- ・どのような経路で走っていけばよいか探り、空いているスペースを活用する能力を身につける
- ・味方プレーヤーを見て、パスしたりしなかったりできる
- ・多様な種類のボールを投げたり・捕ったり・弾ませたり・打ったりするような基本的スキルを、状況の変化に応じてうまく行うことができる

1) 小学校低学年のバルシューレの学習内容

　運動発達に関する研究によると、小学校低学年の子どもたちは、戦術的、コーディネーション的、および技術的課題を実現するのに必要な専門能力獲得のための学習能力、およびトレーニング可能性が非常に高いとされている。小学校低学年のバルシューレでは、学習目標として３つの領域が存在する。

- ・Ａ：戦術

- B：コーディネーション
- C：技術

小学校低学年のバルシューレで目標とする学習内容は表5にまとめられる。

表5　小学校低学年のバルシューレの目標領域

戦術 （A）	コーディネーション （B）	技術 （C）
コート上の位置取り	ボール感覚	ボール軌道の認識
個人でのボールキープ	時間のプレッシャー	味方の位置と動きの認識
協働的なボールキープ	正確性のプレッシャー	相手の位置と動きの認識
個人での数的優位づくり	連続性のプレッシャー	ボールへのアプローチの決定
協働的な数的優位づくり	同時性プレッシャー	着球点の決定
ギャップとスペースの認識	可変性のプレッシャー	ボールキープのコントロール
スコアリングチャンスの活用	負荷のプレッシャー	パスのコントロール

A：戦術領域

Aの領域は、戦術トレーニングである。小学校の年代で重要なことは、創造的ゲーム力の育成にとって最良の条件が整っているということである。例えば、6歳から13歳の年代は、注意力や情報処理能力の発達が著しい期間とされている。これらの能力は、創造的な戦術行為にとって本質的な前提を形成するものである。すべてのボールゲームに共通するバルシューレは、ゲーム課題における正しい解決策のたたき込みではなく、直感力や思考の多様性に重点を置いている。

表6における戦術領域は、ボールゲームにおけるオフェンス局面について示したものである。個人戦術という視点からみると、オフェンス行動は位置取り（コート上の適切な位置把握とパスを受ける位置への移動）から、個人的なボールキープと個人的に数的優位状況を作り出すこと、さらにシュートに向けて活用できるギャップやスペースの存在を認識することまで関わってくる。チーム戦術的には、位置取り、協働したボールキープ、協働で数的優位状況を作り出すこと、ならびにスコアリングの可能性を察知し、利用することにつながることである。

これらの課題は、「オフェンス的視点」からまとめられているが、逆の視

表6　小学校低学年のバルシューレのＡ領域：7つの戦術課題

コート上の位置取り：コート上で、適切なタイミングで最良の位置をとることが問題となるような戦術的課題の設定（フリーになる動き／スペースの利用）。
個人でのボールキープ：1対1の状況、すなわち1人の相手と対峙して、ボールキープを確実に行い、攻撃行動に導くことが問題となるような戦術的課題の設定。
協働的なボールキープ：味方と協働してボールキープを確実に行い、攻撃行動に導くことが問題となるような戦術的課題の設定。
個人での数的優位づくり：相手の妨害をかわし（時には簡単なフェイントを使って）、数的優位な状況をつくり出すことが問題となるような戦術的課題の設定。
協働的な数的優位づくり：味方と協働して数的優位の状況をつくり出すことが問題となるような戦術的課題の設定。
ギャップとスペースの認識：パスや直接ゴールや得点につながる「突破」のチャンスを生じさせるオープンスペースを見つけることが問題となるような戦術的課題の設定。
スコアリングチャンスの活用：パスやシュート、あるいは目標ゾーンへの到達などのためのコート上のオープンスペースを、最適なポジション、最適なタイミングで活用することが問題となるような戦術的課題の設定。

点からみればそのとき現れるディフェンス行動を含んでいる。つまり、相手の連携プレーを妨害したり、パスや突破のためのコースを封じること、あるいはスコアリングの可能性を防御したりするような基礎的戦術行為も改善される。

Ｂ：コーディネーション領域

Ｂの領域は一般的運動能力であり、ゲーム中に反映されるのは次の要素である。

- ・運動を素早く、そして上手に習得すること
- ・目的に沿って正確に運動をコントロールすること
- ・状況に即して多様に運動を変容させること

これらの一般的要素はコーディネーション能力あるいは協調性能力と呼ばれる。ミニバルシューレの章でも述べたように、高度なコーディネーションレベルにある者は、運動を何でも軽快に行うことができる。コーディネーション能力は個人の資質や才能との関連は深いが、かなりの程度はトレーニングが可能である。一流選手の正確な動きや巧みで素早い身のさばき、さらに驚異的なボール感覚などは長年にわたる練習によって培われたものである。

第Ⅰ部　バルシューレの基礎理論　　*29*

コーディネーション能力は大人になってももちろん改善されるが、とりわけ子どもの頃に能力の向上が著しい。

　小学校低学年のコーディネーション領域では、ミニバルシューレで説明されたプレッシャーに加えて、「負荷のプレッシャー」が追加される。また、プレッシャーではないが、一般的なコーディネーション課題として巧みにボールをコントロールする「ボール感覚」も追加される（表7参照）。

表7　低学年のバルシューレのB領域：7つのコーディネーション課題

ボール感覚：ボールを巧みにコントロールするようなコーディネーション的課題の設定。
時間のプレッシャー：最小限の時間、または最大限のスピードで運動を実行することが問題となるようなコーディネーション的課題の設定。
正確性のプレッシャー：できる限り正確に運動を実行することが問題となるようなコーディネーション的課題の設定。
連続性のプレッシャー：次々と切り替わる運動を連続的に実行することが問題となるようなコーディネーション的課題の設定。
同時性のプレッシャー：多くの運動を同時に実行することが問題となるようなコーディネーション的課題の設定。
可変性のプレッシャー：変化する環境や状況の条件の中で運動を実行することが問題となるようなコーディネーション的課題の設定。
負荷のプレッシャー：身体的、体力的、または精神的負荷条件の下で運動を実行することが問題となるようなコーディネーション的課題の設定。

C：技術領域

　Cの領域は技術的課題である。技術といっても、1・2年生では個別種目のスキルの習得はまだ目標とされない。バレーボールのサーブといったような個々の技術ではなく、一般的な技術の構成要素がトレーニングされる。ここでの基本的な考えは、将来ポジティブな転移効果を生み出せるような、多様な基本的技術を十分に蓄積することである。これは、ボールゲームの技術を組み立てる積み木といってもよい。このような運動を構成する多様な積み木を十分に蓄積し、その蓄積から多くの、または全てのゲーム技術が構成される。図5は、その様相を示したものである。仮定されるボールゲームの運動という建物（a）は、AからEのブロックで成り立っている。（b）も同様にAからEで組み立てられているが、少し建築様式が異なる。（c）は

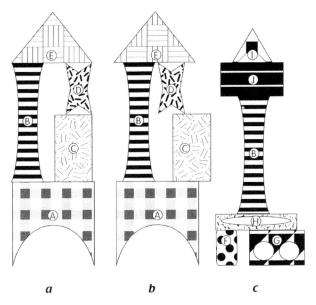

図5　基礎的技術要素のモデル
a も b も A から E の技術要素で成り立っているが、組み立て方が若干異なる。
c は B および F から J の技術要素で成り立っている（Hossner, 1997, S.31）。

Bに加えて、FからJのブロックで構成されている。例えば、(a) と (b) が微妙に異なるテニスのフォアハンドストロークであるならば、(c) はバレーボールでサーブ・レシーブしてパスしているなどと考えることができる（Hossner, 1997, S.31 参照）。これら3つの技術には（図5ではBという要素で示されているように）、その時々に飛んでくるボールと同調するという共通の要素が含まれている。

　技術領域は、技術を組み立てる積み木を獲得させることが課題となる。その積み木を作り上げるのに小学校年代は最良の条件をもっている。高度な運動系学習能力は、要素となる運動系スキル（走、跳、投など）が最良になる状態、つまり安定し、応用力のある利用ができるようになることに大きく影響を及ぼす。さらにそれらは分化（走→疾走、持久走；投→遠投、目標投げなど）し、そして子どもたちは順番に、また同時に組合せることを習得する。それによって、表8に示されるような技術領域の課題実現にとってよい条件が生まれてくる。これらの課題は、Hossner（1997）と Kortmann und Hossner

表 8　小学校低学年のバルシューレの C 領域：技術的基礎スキル領域の課題

ボール軌道の認識：飛んでくるボールの距離、方向、速度を先取りし、知覚することが問題となるような知覚系課題の設定。
味方の位置と動きの認識：1 人あるいは複数の味方の位置、走る方向ならびに速度を先取りし、知覚することが問題となるような知覚系課題の設定。
相手の位置と動きの認識：1 人あるいは複数の相手の位置、走る方向ならびに速度を先取りし、知覚することが問題となるような知覚系課題の設定。
ボールへのアプローチの決定：ボールにアプローチするために動かなければならない距離、方向、速度を先取りし、決定することが問題となるような知覚—運動系課題の設定。
着球点の決定：ボールに対する位置や距離、および最適なタイミング・場所を先取りし、着球点を決定することが問題となるような知覚—運動系課題の設定。
ボールキープのコントロール：飛んでくるボールをキャッチ、キープし、操作することが問題となるような運動系課題の設定。
パスのコントロール：ボールを打ったり、蹴ったり、投げたりするときに、ボールの投射方向（角度）や力の入れ具合を調整することが問題となるような運動系課題の設定。

（1995）から、一般化の度合いが最も高いと思われるものを抽出し、一部変更を加えたものである。

2）まとめ：ミニバルシューレからバルシューレへ向けて

　幼児を対象としたミニバルシューレではプレーを構成する基本的な動きの獲得が特に重要となる。したがって、ミニバルシューレの習得目標は、A：運動系基礎スキル、B：技術—戦術的基礎スキル、C：コーディネーション基礎能力の 3 領域からなる。これらの発展としての小学校低学年のバルシューレでは、ボールゲームの一般（種目横断）的視点から、習得内容が構成され、様々なゲーム空間で、多様な運動経験やゲーム経験を積むことを目的としている。この学習目標は、A：戦術、B：コーディネーション、C：技術の 3 領域である。幼児と小学校で、学習領域が切り替わることになるが、この際に指定されている年齢（学年）はあくまでも目安に過ぎず、実際にはプログラムの実施対象となった子どもの運動経験に応じて学習段階を適応させることが必要である。

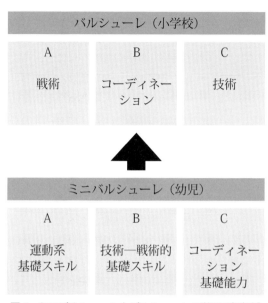

図6 ミニバルシューレとバルシューレの学習目標領域

4. バルシューレの方法論

1) ゲーム系列の方法的原則

　ゲーム系列には、小学校低学年のバルシューレの「戦術」領域が明確に位置づけられる。一方で、「コーディネーション」および「技術」領域は一般的に練習系列（p.38）として位置づけられる。

　ゲーム系列では、ゲームに付随した多くのスキルを直感的で無意識のうちに獲得することができる潜在的学習が重視される。小学校低学年のバルシューレの実践の際には、表6の7つの戦術要素から1つ、または複数の戦術的課題を含むようにする。この戦術的課題をゲームに盛り込むのは指導者の役割である。子どもたちは、ゲームに盛り込まれた課題を特に意識することなく指導者が提供するゲームをプレーすることになる。この際に、指導者が注意することは、子どもに早期から戦術のことを意識的に思考させたり、指示することによって子どもの知覚の範囲が限定されたものになったりすることを避け、ゲーム情報をうまく利用する能力の獲得を妨げないようにする

ことである。

　しかし、自由にゲームを行うことがバルシューレにとって重要なものであって、潜在的に学習されるという事実があるとしても、介入指導をまったく行ってはならないということではない。遅くとも、個別のボールゲーム種目を学習する段階では指導者の指導と子どもの反省活動は重要である。したがって、ボールゲームの学習が進んだ段階では、適時の指導と自由なゲームとを適切に組み合わせることが重要になってくる。

ゲーム経験と創造性の開発
　創造的なゲームができる能力の発達には、状況認知、予測、そして判断が密接に結びついている。状況の読み方を間違うと、ゲームに最適な結果をもたらすようなプレーの選択はできない。創造的なプレーには、注意を向ける範囲が決定的な意義をもっている。プレーヤーは特定の状況において、ひとつの小さな部分に集中することが可能であるが、一方では、できるだけ多くのことに注意を向けることも可能である。前者の場合は注意の範囲は狭く、後者の場合は注意の範囲が広いといえる。ボールゲーム初心者の創造性を発達させようとするのであれば、注意を向ける範囲を広くさせることが重要である。図7は、バルシューレで創造性を促進させると思われている因果関係を示したものである。まず、戦術的な創造性に対して、多様なゲーム体験と介入指導のない自由なゲームを通して直接的効果が現れる（①②）。さらに、自由なゲームでは、注意の範囲が広がることから、間接的に創造性が育まれることになる（③④）。

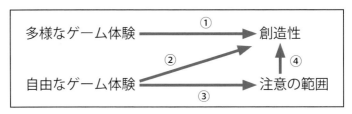

図7　ボールゲームの創造性開発のための4つの仮説

①多様なゲーム体験→創造性
　創造性に関する一般的な研究では、多様な経験を幅広く集積することが、

創造的思考力の発達にとって最も重要な条件のひとつであるといわれている。ボールゲーム学習には、いわゆる路上遊びの経験（Roth, 1996）が重要だといわれているが、それは、これまでの一連の研究に裏付けされている。

　それらの研究の一例として、Memmert und Roth（2007）の縦断的研究の成果を紹介する。それは、135 人の子どもが参加した 15 ヶ月にわたるフィールド実験である。そこでは、スポーツ種目にとらわれないバルシューレと、3 つの特定スポーツ種目（ハンドボール、サッカー、ホッケー）とが比較された。調査した内容は、種目横断型および特定スポーツ型種目の創造性に関するものである。最初の年には、特定の種目をトレーニングしている子どもがほぼすべての創造性の水準において上位にあった。しかし、その後は、バルシューレの子どもたちの方がゲームの創造性に関して有意に高いパフォーマンスの伸びを示した。

②自由なゲーム体験→創造性
　創造性に関する一般的心理学の多くの研究で実証されていることは、学習環境（家庭・学校・職場）が、創造性の発達に非常に大きな影響を及ぼしているということである。これらの研究では、自立心と自己コントロールのためには、自発的な経験を積むことが重要であることを明示している。

　一般的によく知られているように、子どもたちにとっては、指導のない自由な学習の方が、より楽しく内在的なモチベーションを高めることができる。したがって、楽しい気分を引き起こすような条件や状況を整備することで、創造的パフォーマンス、新しいアイデア、ならびにすばらしい連想力などが生まれやすい。自由なゲームが創造性に対してどのような影響を及ぼすのかに関するスポーツ科学的研究はいくつかみられる。注目すべきは、創造性豊かなスポーツ選手の日常の中での考え方である。ボールゲームの達人たちがみな一致して述べることは、子どもの創造性の発達にとって重要なのは、最初に、とにかく自由にプレーすることであって、戦術的プログラムあるいはトレーニングプログラムを早い段階から取り入れるべきではないということである。

　以下は、あるブラジルのサッカー選手の言葉である。

　" 私の考えでは、幼児期には自由な形でプレーさせ、周りから子どもたちに何かを言ってはいけない。子どもがグランドに行くと、そこではすべて自

由であるべきである。もっと後になってはじめて戦術的な指導をして、組織的にサッカーを教えれば良い。私は、ブラジルの創造的プレーを生み出している最も典型的な特徴は、小さな子どもの年代における自由性にあると思っている。まず創造性を育てる。そのほかの能力はそれからである。"

③自由なゲーム体験→注意の範囲

　もし子どもがゲーム中に何に注意を向けるか指示されれば、注意の向け先は限定されたものになる。指示された通りに 1 人の味方、あるいは相手選手に注意を向ければ、ゲームの他の部分は見えなくなる。ちなみに、これは手品師がよく行う手段である。トリックでは、言葉や身振りを通して観客の注意を本来見るべきものとは別のところへ導く。このため、うさぎがどうやって帽子の中に入ったか、あるいはビー玉がコップの下で消えてしまうのか観客はわからない。Simons und Chabris（1999）は、有名な「消えるゴリラ」の動画によって注意の機能について証明した。それは、被験者に 23 秒間のビデオを提示したものである。映像には 6 人のプレーヤーがいて、そのうち 3 名は暗い色、残りの 3 名は明るい色のユニホームを着ている。両グループのプレーヤーは、それぞれがバスケットボールを持っており、ボールをバウンドさせたり互いにパスしたりしている。このとき被験者は、明るいユニホームの選手が行ったボールのバウンド数とパス数をカウントするように指示される。このような条件下では、ゴリラの着ぐるみをまとった人が画面のまん中を横切っても、被験者は予想していなかったことなので、高い確率でゴリラを見落とすというのである。これに対して、バウンド数とパス数のカウントを指示されなかった条件では、被験者がゴリラを見落とすことはなかった。

　ボールゲームの指導においても同じような、望ましくない効果をもたらすことが証明されている。ちょっとした指示を付加するだけで、注意の範囲は狭まってしまうのである。Mack und Rock（1998）は、日常生活や仕事の様々な場面で証明されたこの現象を非注意性盲目と呼んでいる。

④注意の範囲→創造性

　広い範囲に注意を向けることは、創造的なプレーや突発的な問題解決における重要な前提条件といえる。注意の範囲が広ければ、遠く離れた場所の情

報や、以前にあった小さな出来事さえも、その時々の課題解決に利用することができるようになる。それに対して、注意の範囲が狭い場合には、創造的な解決を導く可能性は少なくなる。つまり、重要な情報があっても見逃す可能性もあるし、多くの情報の相互の関連が把握できないからである。

　Memmert（2007）は、6ヶ月間の研究において、トレーニングの中で、創造的な思考能力の形成に対して影響を与える注意の範囲の変化を調査した。比較されたのは、「注意を広げる」トレーニングプログラムと、「注意を狭める」プログラムであった。前者のプログラムでは、指導者は、ゲームの途中、およびゲーム前に指導や修正指示をまったく出さないように指示された。後者のプログラムでは、前者とまったく同じゲーム形式が実施されたが、ゲーム前にはプレーの指摘や注意することについて指導者が指示を与え、ゲーム直後にはどうだったのか具体的な質問が行われた。この調査から明らかになったことは、創造的な戦術思考能力が有意に向上したのは、前者のグループ（注意の範囲が大きい）の子どもたちのみであったことである。

ゲームに必要な能力を高める原則

　ゲームに必要な能力を高める要因は表9にまとめられる。多面的能力の重視、および強制されない自由な発想というバルシューレの主旨から、表9の上2段の項目が挙げられている。そして最下段の知覚と思考発見の複合性という観点からは、次の2点が考慮されるべきである。

　まず、ゲームにおいてはさまざまな視点（知覚内容の数）に同時に注意を向けるような場にした方が良いということである。すなわち、注意の範囲を大きくする必要が生じるのは、味方および相手選手の数がある程度多く存在し、ゲームのフィールドがある程度の広さがあるときだけである。したがって、プログラム実施の際には、そのようなゲーム状況になるように場を設定するべきである。

　もうひとつは、ゲームの課題解決のために多くのアイデア、またはオプショ

表9　ゲームに必要な能力形成の要因

知覚の多様性	思考の多様性
自由な知覚	自由な思考発見
知覚の複合性	思考発見の複合性

第Ⅰ部　バルシューレの基礎理論　*37*

ン（決断の選択肢、および行動の選択肢の数）を同時に考えるような状況を
設定するということである。

　ゲームに必要な能力の向上に関しては、長期的視野を持つ必要があり、成
果を焦らないようにしなければならない。戦術的能力はすぐに向上するもの
ではない。かなり長期の潜伏期を経て「創造性の開花」がみられるものであ
り、それを引き起こす刺激、いわば「ゲーム・ウイルス」というようなもの
が継続的に存在していることが必要である。

２）練習系列の方法的原則

　初歩段階のプログラムにおいてはゲームが中心に行われるが、それと並ん
で練習の時間も増やしていくことが必要である。つまり、バルシューレのプ
ログラムでは、ゲーム以外にも練習系列、すなわちコーディネーション領域
と技術領域の両方を向上させることが重要となる。これらの両方の練習の形
式（方法論）には類似点と相違点がある。

　第一の類似点は、両者の練習における運動のコントロール、および身体
機能の向上は、自身の運動と直結していることである。したがって、メン
タルトレーニングのような純粋な認知的な側面は、副次的なものとして扱
われる。

　第二の類似点として、コーディネーションおよび技術の練習のどちらも、
練習形式は独立的に扱われる。つまり行われる運動ができない場合には次に
進めないといったような方法論的ステップとしてとらえられるのではない。
序列に従った練習系列（系統的練習法）という考え方は、バルシューレの実
践においては重要ではない。

　第三の類似点は、どちらも個別種目のスキルに直接つながる学習目標の達
成が要求されるのではないという点である。したがって、ボールゲームの共
通的能力の向上のためには個別種目のスキルだけにつながる技術は選択しな
いようにする。また、練習内容となる技術は他のものと交換しても問題がな
い。これは、実践プログラム編（第Ⅱ部）で行われる練習内容が、個別のボー
ルゲームの技術のみとは結びついていないことからも理解される。

　一方で、指導過程の細かな点を具体的に考えるときに、コーディネーショ
ンと技術の練習方法に相違点が見られる。コーディネーション領域は、一般
的に運動に関わる基礎能力を高めることを目的とする。これに対して、技術

領域は技術構成要素を上達させることを目的とする。練習内容を考えるときには、これらの違いを考慮して、それぞれの練習対象としてふさわしいものを選択する必要がある。

コーディネーション領域の練習

　効果的にコーディネーション能力の向上をめざすなら、技術の難易度は低くしておかねばならない。体力トレーニング（持久力、および筋力トレーニング）と同様、自分で確実に実行できる技術を使って行うことが基本である。難しい技術で高いコーディネーション能力を要求することは過剰要求となる。初心者のためのボールゲームの共通的コーディネーション能力の練習では、投げる、捕る、バウンドさせる、打つ、蹴る、ヘディングする、転がすといった基本形態が最初に取り入れられる。これらの技術が、コーディネーション課題（プレッシャー条件）と組み合わされる。

　方法論的な観点から次のような基本公式が成り立つ（図8参照）。方程式の右の項の2つの内容は、練習ごとに入れ代えることができる。あるいは、どちらかひとつを一定に保つ（あるボール技術を使ってさまざまなコーディネーションのトレーニングを行う、または一定のコーディネーションレベルを保って異なる技術を行う）方法も考えられる。

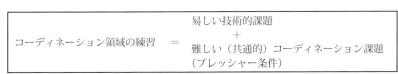

図8　コーディネーション領域の練習

　適切な練習形式の例としては、多様な条件を設定した障害物走、ハードル走、コーディネーションサーキット、ボールコーディネーションコースなどである。これは、単独で行っても良いし、パートナーと行っても良い。重要なことは、ゲームに必要な能力は、基本技術とコーディネーション的プレッシャー条件が、多様に絡み合って成立していることをよく認識することである。

技術領域の練習

ボールコントロール（足や手、ラケットやスティック）のようなボールゲームの共通的スキル向上のための練習は、コーディネーション能力向上の方程式と比べると、右の項の内容が反転している。技術に直結する専門的基礎能力の改善をめざしたトレーニングでは、その他の一般的能力の要求は最小限にされるべきである。つまり、技術領域の練習（例えば、着球点の決定など）では、時間のプレッシャーや正確性のプレッシャー、負荷のプレッシャーなどのプレッシャー条件を付加しない方がよい。方法論的な観点から次のような基本公式が成り立つ（図9参照）。

$$
技術領域の練習 \quad = \quad \begin{array}{c} 難しい技術的課題（スキル構成要素）\\ + \\ 単純な（共通的）コーディネーション課題 \end{array}
$$

図9　技術領域の練習

ボールゲーム初心者のプログラムでは、コーディネーションか技術のどちらか一方がトレーニングの対象とされる。同時に両方をトレーニング対象とするのは、上級レベルになってからである（種目に固有のコーディネーショントレーニング、技術の最適化）。

3）一元性

バルシューレのゲーム系列と練習系列で構成されているプログラムは、子どもたちが繰り返し実施できるような形態を取り入れる。最初は、各領域の学習要素を個別に向上させることを目的とした一元的なゲームおよび練習が中心となる。指導が進むにつれて、様々なゲームに必要な課題を加えていく形で、複雑で多元的なゲームおよび練習を増加させていく。

4）学習要素の独立性

バルシューレのプログラムは、それぞれ固有の特性を持っていて、互いに等価である。したがって、プログラム実施の順番は決まっていない。しかし、何でも練習を行っていれば良いわけではない。プログラム中に、子どもに退屈そうな様子が見られた時は、課題に対する挑戦意欲がなくなっている状態であるため、継続的に能力を向上させるためにもゲームや練習の内容を変更する必要がある。この場合には、変更の順番といえるものが存在する。例え

ば、激しいチームゲームを行う前に、仲間との関連が少ないゲームや、専門的なスキル課題がないゲーム、相手なしのゲームを行うのが良い。

　また、効果的な能力形成のために、難易度に応じた学習順序は必要である。ゲーム系列は、単純なものから複雑なものへと構成される。学習要素は、1つの要素およびそれらが複合的に組み合わされたゲームのテーマやゲーム中によく現れるパターン、また正式ゲームのルールが含まれた簡単なゲームから始まり、次にゲームで行われる主要な行動を含み、戦術特性を強調したり、相手を防御したり、少し高度な要求を含むゲームに移行する。そして正式なゲームを小学校低学年の子どもに合わせて変容させたミニゲームを経過して目標となる正式ゲームへとつなげる。一般に低学年段階では、この道筋は最後までは行かない。ミニゲームの段階へ移っている程度がめざす最終段階であろう。練習系列では、プログラムの対象要素はゲームから取り出される。ここではゲーム全体のことは考えず、目標とするのは戦術的、あるいは運動系（コーディネーション的、技術的）能力の改善である。練習形態が競争的に行われればゲーム要素を帯びた練習となる。これには、たとえばリレー形式で行う投競争、パス競争、ドリブル競争や、バスケットボールやハンドボール、サッカーボールまたはホッケーのパックを使った的当てである。最初の練習課題は、一元性の原則に基づき、易しい課題設定から始めることになる。

5）運動実施形態の多様性

　バルシューレの基本的理念である「一般から個別へ」という方針は、運動の実施形態に反映される。ボールゲームを包括するバルシューレでは、例えば打ち返し型ゲーム課題の際には、手か足またはラケットを選択することができる。つまり、いろいろなやり方で行う多様性が重要である。これらの課題は、スキルの上達にともなって重点化されるものが変容していく。最終的に専門種目につなげるという観点から、打ち返し型ボールゲーム課題では、手およびラケット、またゴール型ゲーム課題では手や足を使ったゲームや練習が優先的に行われる。

現代社会における子どもの運動・スポーツ環境
―その現状と課題―

(1) 体を操れない子ども

「運動会の徒競走で自分のコースをまっすぐに走ることができない」「転倒しても手を出すことができず、顔から落ちてしまう（顔面制動）」。近年、子どもたちの運動を巡るこのような話は枚挙に暇がない。現代のわが国においては、移動運動（歩く、走る、跳ぶなど）だけではなく、操作運動（投げる、受けるなど）や姿勢制御運動（対軸の動き、静的・動的姿勢など）においても十分な体の動きを獲得できていない子どもたちが少なからず存在する。このような現状の根幹には、幼少期の運動経験が大きな関わりを持っていると考えられる（文部科学省，2011）。運動スキル学習の適時性について、ガラヒュー（1999）は、基礎的運動スキルを分類した上で「およそ3歳から8歳までの幼児期から児童期前期にかけては、とりわけ重要です。基礎的な運動の十分な発達は、スポーツスキルの学習のための前提条件です。この時期の運動スキル学習の敏感期をうまく利用できないと、子どもは、後でより高いレベルのスキルを身につけることが困難になります」（デビッド・L・ガラヒュー，1999，p.45）と述べている。

基礎的な運動能力の獲得に関わる多様で自発的な運動経験の多くは、幼少期の遊びによって提供される。ガラヒューは、「遊びとは、子どもが食べたり、眠ったり、大人の要求に従って行動するとき以外に行う行動です。遊びは、子どもが起きている時間の大半を占め、大人の仕事と同じ価値を持つと考えてさしつかえありません。子どもの遊びは、自分の身体や動きの可能性について学ぶ主要な方法です。遊びは、また、小さい子どもの認知的・情緒的な発達を促進し、小筋と大筋の運動スキルを発達させる重要な手段を提供します」（デビッド・L・ガラヒュー，1999，p.45）と述べている。

文部科学省は、幼児期の子どもたちの現状として「『走る』、『跳ぶ』、『投げる』といった基本的な運動能力の低下」（文部科学省「幼児期運動指針（通知）」，2012）を指摘した上で、幼児期の運動のあり方について「多様な動きが経験できるような様々な遊びを取り入れること」「楽しく体を動かす時間を確保すること」「発達の特性に応じた遊びを提供すること」という3つのポイ

ントを指針として提示している（文部科学省，2012）。幼少期の子どもたちが、基礎的な運動能力を獲得するためには、発達の特性に応じた多様な動きを経験することができる「遊び」を楽しく（自発的に）行うことが重要なのである。

（2）遊びの変容

　現代における社会の変化は著しい。科学技術の発達やそれに伴うライフスタイルの変化は、子どもたちの生活世界にも大きな変容をもたらしている。特に、子どもたちの多様な運動経験と深い関わりを持つ「遊び」は、都市化、核家族化などの進展によって大きく変容した。「さんま（3つの間：時間・空間・仲間）」の減少が指摘されて久しいが、近年、活発で多様な体の動きを含む遊び（外遊びなど）は減少傾向にあり、活発で多様な体の動きをあまり含まない遊びが増加する傾向にある。日本小児保健協会の調査によると「自転車・三輪車など」の遊びは、平成 2 年の調査において 68.9％で第 1 位だったものが、平成 22 年の調査では 43.4％（第 7 位）と減少している。一方で、平成 12 年の調査において 61.7％（第 2 位）だった「お絵かき・粘土・ブロックなどの造形遊び」が平成 22 年の調査においては 74.7％で第 1 位となっている。

　幼少期の「遊び」について、ノスタルジックに「昔の遊びは良かった。昔のようにすれば良い」と語る人がいる。豊かな自然環境の中で多様な環境が存在し、多くの仲間（異年齢を含む）と潤沢な「遊び」の時間を経験した世代にとっては、昔のような環境をもう一度回復させることが最も良いことであると考えるかもしれない。また、そのような環境がある、もしくはつくることができるのであれば、そのこと自体はすばらしいことである。しかしながら、急激な社会の変化は不可逆的であり、単純に後戻りすることはできない。生活環境やライフスタイルの変化は、社会全体のことであり、子どもの「遊び」のあり方だけを過去に回帰させることはきわめて難しいのである。今日では、子どもたちの「遊び」、とりわけ基礎的な運動能力を培う遊びは、自発的で楽しい活動という原則を踏まえながら、教育機関や地域の活動の中で、科学的な根拠に基づいて展開されることの重要性が増している。

（3）早期の専門化

　近年、体操の時間の充実を掲げる幼稚園や幼児を対象とした「体操教室」

第 I 部　バルシューレの基礎理論　　*43*

「スポーツ教室」などが盛んになってきている。これらは、子どもたちが活発に体を動かす機会を提供するものであり、そのこと自体は意義のあることである。しかしながら、これらのプログラムの中には、限られた体の動きしか経験できないもの、子どもたちが自発的に体を動かすのではなく、指導者が体の動きを「強制」するようなものも少なからず見受けられる。また、一部のプログラムにおいては、早期に適切でない頻度や強度の運動を行うものもあり、使いすぎによるけがなどの引き金になる可能性も考えられる。文部科学省が作成したガイドブックにおいても「限られた運動だけを継続的に行うことは、多様な動きを身に付けにくく、特定の部位が繰り返し同じストレスを受けることにもなります」（文部科学省　乳幼児運動指針策定委員会, 2012）と指摘している。

　子どもたちが、体を動かすことの楽しさを理解し、生涯にわたって運動・スポーツに親しむためには（仮にトップアスリートを目指す場合であっても）、幼少期に自発的で多様な運動を経験することが重要である。専門化された複雑な運動は、基礎的な運動スキルの上に構築されるものであり、早期に専門化させることは必ずしも重要ではない。このことについてガラヒュー（1999）は、「運動スキルは、子どもが環境の中で、容易に効率よく運動することができる程度にまで発達・洗練させられます。子どもは成熟するにつれて、小さいときに獲得した基礎的（基本的）運動スキルを、より専門化された（複雑な）さまざまなゲーム、スポーツ、ダンス、レクリエーション活動に応用していきます」と述べており、合理的に計画された運動プログラムによって獲得された基礎的な運動スキルが、専門化されたスキルの土台として重要であることを指摘している。

子ども時代の運動が大人になってからの健康を支える！―運動・体力と健康の関係―

　肥満や高血圧・糖尿病・脂質異常症などの生活習慣病は、加齢とともに罹患者が増える。ただ、これらは「病気」ではあるものの、軽度な状態ではほぼ自覚症状がなく、発症後すぐに日常生活に支障が出るようなことはほとんどない。なぜ、それを予防しなければならないのかは、全身にある血管、とくに動脈が硬くなること（動脈硬化）や動脈内部に脂質などが付着し動脈の内側が狭くなること（アテローム性動脈硬化）の進行が生活習慣病を持たない人よりも加速するためである。そして、中高年以降に心臓や脳という生命維持と強い関連を持つ臓器でそれらが悪化して心筋梗塞や脳梗塞などが発症する。このような病気にならないために、初期段階である生活習慣病の発症や生活習慣病予備群であるメタボリックシンドローム（メタボ）の予防が重要になっている。

　生活習慣病やメタボの予防に効果的なのが、運動やスポーツである。運動やスポーツは全身持久力や筋力を維持・増進し、体重減少も導き、そして血液性状も良好な状態にする効果があり、それらが複合的に作用し、生活習慣病やメタボ、動脈硬化の予防につながる。

　このような運動やスポーツによる生活習慣病の予防効果は、実は成人だけが得ているものではない。動脈硬化につながる動脈の変化は小児期から徐々に進行しており、小児期に生活習慣病の素因（肥満・血圧高値など）があると成人期以降に生活習慣病を発症する可能性が高いことが報告されている（Juonala, 2011）。また、18歳時点での全身持久力や体格が良好だと、55歳以前の動脈硬化関連での死亡率が低下することも報告されている（Ortega, 2012）。

　小児期からの運動・スポーツの継続は、小児期の生活習慣病の素因を減少させ、さらに成人期や中高齢期以降には生活習慣病それ自体の予防・改善効果を発揮する。人生全体にわたる健康増進・疾病予防のために、小児期から運動・スポーツに慣れ親しんでおくことに大きな意味があることをさまざまな研究報告が示している。

運動は脳も鍛える！
―運動・体力向上と脳機能の関係―

　高齢者での認知症予防のために運動が広く活用されている。身体を動かすには、脳から筋肉へ指令がいき、それによって筋肉が活動することで動作が生じる。つまり、身体を動かすことは脳を働かせることになる。

　近年、子どもを対象として脳機能（認知機能）と運動や体力の関連性について多くの研究がされている。アメリカで実施された研究では、10歳児で全身持久力テストの記録が良好なほど、認知機能テスト（画面上に表示された矢印の向きを素早く正確に回答する課題）の成績が高かったことを報告している（Hillman, 2005）。また、運動をすると認知機能テストの成績が向上したことや、体力の高い子どもほど、運動による認知機能テストの成績向上率が高かったことも報告されている。

　さらに、近年は認知機能テストと体力・運動の関連性だけでなく、学校の成績（評定平均値）と体力や体格にも関連があることがわかってきている。筆者らの近年の研究（Morita, 2016）でも、中学1年生の5段階評定の合計値と新体力テスト8種目の合計得点の結果には関連性があり、新体力テスト8種目の記録が良好なほど学業成績が高かった。ただ、この体力が高いほど成績も良好という傾向は女子中学生ではあまりみられなかった。しかし、女子中学生では、肥満傾向の体格だと、それ以外の体格の女子生徒よりも学業成績が低くなっている傾向があった。このような体力や体格と学業成績との関連性は海外でも同様であり、とくに全身持久力や方向変換走という敏捷性・巧緻性の記録が良好なほど、評定が高いことが報告されている。

　近年の研究で、運動をすると筋肉からホルモン様物質（ミオカイン）が分泌されて、全身を巡り様々な臓器そして脳に影響することが明らかにされてきた。運動や体力と脳機能との関係性は、冒頭の神経学的なものだけでなく、そのミオカインによる生理学な影響もあるとされる。成長期の子どもにとっての運動やスポーツは健康だけでなく脳機能の発達にとっても重要といえる。

第Ⅱ部
バルシューレの実践プログラム

1．プログラム実施における基本的事項

　バルシューレのゲームや練習は、様々な環境（施設や用具）に適応可能である。バルシューレ指導者における重要な課題の1つは、実施環境に応じたプログラムの工夫である。

1）クラスの人数
　バルシューレでは、通常、小学生15名に対して指導者が1名、幼児12名に対して指導者3名が配置される。これは、円滑にプログラムを実施し、学習効率を高めるための重要な条件である。しかし、子どもや指導者の状況によっては、指導者の数を増減することもできる。そのため、指導者は、子どもの数を事前に把握しておかなければならない。

　例えば、小学校の体育授業では、20〜40人の子どもが1クラスになっていることが多い。子どもが全員同時に実施できるプログラムであれば良いが、同時に実施することが困難な場合は、平均台や防球フェンス等によってフィールドを分割し、複数の小グループを形成する必要がある。多くのバルシューレプログラムは簡単なルールで構成され、また頻繁な指示やフィードバックが必要とされないため、指導者は複数のグループを同時に管理することが可能である。

　このように分割した小グループでもゲームが機能しない場合は、さらに少人数にグループを分割するべきである。半分のグループがプレーしている間に、残りのグループを待機させておく。この際、比較的短い時間（5分程度）でプレーグループと待機グループを入れ替えるようにすると良い。

2）異なるスキル水準
　同じ学年の子どもたちで運動能力の発達とボールゲームのスキル差が大きいことはよく見られる。これらの差は常にゲームにおいて障害になるわけではないことを理解しておく必要はあるが、スキル水準の差が大きなグループの場合には、問題が生じることがある。運動能力やゲームスキルが高い子どものみが課題を学習できるような状況を避け、多くの子どもが課題の学習に取り組むことが出来る工夫が必要となる。そこで、すでに広く知られてお

り、スポーツのトレーニングで実証されている Kolb（2012）のゲームバリエーションの原則を参考にし、スキル水準差の大きなグループにおけるバルシューレの方法論を提案する。

①ゾーンの分割
・子どものプレーゾーンを分割する

　子どもがプレーできるゾーンを分割することにより、高い運動能力やスキルをもった子どものみが単独でボールを扱うことが減少し、より多くの子どもたちがボールに触れることができる。例えば、ゴール型ゲームの場合に、攻撃ゾーン・中間ゾーン・防御ゾーンに分割し、チームの人数を各ゾーンに割り当てる。この際、子どもたちに、同等のゲーム体験を保証するために割り当てるゾーンを数分間で入れ替えることが必要である。

・ゴール前に立ち入り禁止ゾーンを設置する

　子どもたちのゴール前の密集を減少させることが目的である。これにより、子どもがフィールド上に分散して位置取ることになるため、パス頻度が高くなり、多くの子どもがゲームに関与できる可能性がある。

②ゲームで用いるスキル
・ボールの捕球や停止方法を変換する

　ボールの捕球や停止などのスキル水準差を補うために、子どもたちがあまり慣れていない方法に変換する。

・ボール保持者の動きを制限する

　集団的な戦術的スキルを向上させるために、ボール保持者の移動方法を制限する。例えば、移動は 3 ステップまでにすることや、ドリブルの禁止を採用する。

・子どもに応じて異なるスキルを割り当てる

　スキルの低い子どものゲーム参加のために、チームの一部の子どもは手だけでボールを停止し、他の子どもは足でボールを停止すること等、子どもに応じて異なるスキルを割り当てる。例えば、パスをするゴール型のゲームの場合は、股の間から後ろ向きにパスをする等その方法を工夫する。チーム内で、変更するスキルの内容やそれを割り当てる人数について決定する。

・子どもの身体接触が激しい場合は代理の守備形態に変換する

第Ⅱ部　バルシューレの実践プログラム　*49*

子どもの身体的な能力の偏りがある場合には、ゲームでは代理の守備形態を採用する。例えば、フラッグフットボールのように相手を停止するために腰につけたスカーフを引っ張ることや、また体の特定の部分に触れることで攻撃を停止させる方法である。

③ゴールやネットの設置

・ 複数のゴールを設置する

　　スキルが高い子どものみがゴールの前でプレーするのを避け、スキルの低い子どもが攻撃場面に参加する機会を与えるためには、複数のゴールを配置する。

・ コートの端ではなく中にゴールを設置する

　　ゴールをコートの中に設置し、両側から狙えるものにすることで、ゴール前で攻撃が固まることが減少する。それにより、高速で頻繁なパスによる攻撃が出現する可能性が高まり、多くの子どもが攻撃に関与できる。

・ ゴール型ゲームでは簡単なゴールを設置する

　　ゴール型ゲームでは、ゴールは高さの低い、そして広い幅のものを採用し、ゴールするのが困難なものを避ける。また、小さいゴールを設置する場合は、ゴール周りに立ち入り禁止エリアを設置し、かつキーパーを置かないようにすれば、身体的に優れている子どもの利点がほとんどなくなる。

・ 打ち返し型ゲームでは高いネットを設置する

　　打ち返し型ゲームにおいて、強力なサーブやスパイクなどのネット越しの激しい攻撃を避けるためには、ネットの高さが重要になる。

・ 攻撃に間接的ゴールを設置する

　　投げたり打ったりするスキルが高くない場合は、ゴールを直接的でなく間接的に行うことで、成功の可能性が高くなる。例えば、床や壁にバウンドさせてからゴールする方法がある。

３）スペースと用具

　　通常、バルシューレは体育館で実施される。しかし、その環境は様々であるため、状況に応じて実施プログラムを限定したり、ルールを変更したりする必要がある。例えば、体育館の壁を利用できる場合は、「場外なし（コートを示すラインなし）」のルールを採用することで、ボールの跳ね返りをゲー

ムに利用でき、ゲームはあまり中断されなくなる。また、体育館ではなくグランドで実施する場合は、ゲームや練習を選択したり、用具を調整したりする必要がある。

　10名の幼児を対象とした場合、下記の用具が準備されていれば、様々なプログラムを実施することが可能となる。

弾むボール（10個）、異なる大きさのソフトプラスチック製のボール（10個）
2つの異なる色のタグベルト（各10個）、ビブス（2色×5枚）
スポンジ等の柔らかいテニスボール（10個）、スカーフ（10枚）
ホッケースティック（10本）、スポンジスティック（10本）
バランスボール等の大きいサイズのボール（3個）、縄跳びロープ（5本）
玉入れ用ボール（10個）、フープ（10個）、風船（10個）
カラーマット（4色×1～3枚）、三角マーカーコーン（4色×3個）

　これらのゲームに必要な用具は、指導を開始する前にすべて配置しておくことで、プログラム中に準備・変更による中断はほとんど無くなる。また、ゲームや練習はなるべく少ない用具を用いて実施し、準備できないものは容易に入手可能なもの（例えば、新聞紙、カップ、ペットボトル、紙の筒、厚紙など）で代用すると良い。ただし、弾むボールだけは常に準備されていることが望ましい。

4）時間

　バルシューレは通常45分間で週に1回～2回の頻度で実施されているが、バルシューレのプログラムは、学習要素が独立しているため、様々な実施環境に応じて実施時間を調整することが可能である。また、当初計画したゲームや練習に問題が生じたとしても、バルシューレの基本原理に沿ってゲームや練習の省略または置換が可能である。したがって、バルシューレの実践は、指導者の時間調整によって、たとえば90分間であっても、または20分間であっても実施可能となる。

第II部　バルシューレの実践プログラム　*51*

2. 教育的視点からのアドバイス

1) 教授方法

　指導者はバルシューレの理念をよく理解したうえで、状況に応じてゲームや練習を適切に組み込む能力が必要である。特に幼児を対象としたミニバルシューレでは、自由遊びと課題遊びを繰り返しながら、どんな課題がそのグループにふさわしいのか、それはどんな意義があるのかをつねに判断する能力が必要になる。さらに指導者は、バルシューレに関する専門的知識だけでは解決できないさまざまな状況に対応しなければならない。教育的な基本事項をきちんと考えておくことが必要である。以下に、バルシューレの長年の経験に基づいてまとめた基本事項の7例を説明する。

①名前を呼んで挨拶をする

　子どもたちは、体育館の前、あるいは遅くても入り口のドアの前で両親と別れる。一部の子どもは、親から離れることができるようになる前に、指導者が声をかけることが必要になる場合がある。その子どもたちは、関係の深い親などから離れることができるようになる前に、別の新しい関係者と接触しなければならない。したがって、子どもたちが体育館に入ったときには、一人ひとり名前を呼んで挨拶する。その際、指導者は子どもにきちんと向き合い、場合によっては子どもの目の高さになるようにしゃがんで低い姿勢になる。挨拶が終わったら子どもたちは体育館に入り、自由遊びが行われていれば一緒に遊んで良い。または、プログラム開始のために、丸くなって座っている仲間に加わるようにする。

②新たな子どもの受け入れ

　新たにグループに加わった子どもは、もし本人が望めば、最初の何時間かは指導者が手をつないだままでいるようにする。重要なことは、指導者がこの子どもを他の子どもたちに紹介することである。小さな子どもの場合は、最初の数時間は親が体育館に入ることも認める。これをいつまで認めるかはその子どもによって異なるが、遅くとも2ヵ月が経った頃には親は体育館から出るようにした方が良い。その際に、子どもがまた親のところに行きた

がるようであれば、一度外に出させても良いが、再度体育館に戻るときには親と離れるようにさせる。

③プログラムの開始と終了の挨拶

　プログラムの開始と終了を明確にすることは子どもにとって重要である。開始の挨拶は、今から始まるという合図である。さらに、子どもたちがうまくやっていけるよう話しかける。開始の挨拶の時に、丸くなって座ることは良い方法である。そこで参加者全員で挨拶し、プログラムのテーマ（ルールや、その時間のモットー）について話し、子どもをやる気にさせるようなかけ声などが行われる。終わりの挨拶では、プログラムがどうだったかについて子どもたちと話し合い、これでプログラムは終了することをはっきり伝える。

④ルール

　ルールはプログラムを成功させるために不可欠なものである。ルールは、子どもたちが秩序よく行動できるようになるための支援のひとつとなる。子どもたちは、しても良いことと悪いことの区別が分からないと不安になる。したがって、指導者は最初から明確なルールに則って行動するべきである。

・お互いを助けあうこと！
・指導者が合図をすればすぐに集まること！
・指導者が何かを説明するときにはよく聞くこと！
・たたく、蹴る、かみつくことは禁止！
・配置された用具を故意にこわすこと（コーンをひっくり返す、ボールを撒き散らす）は禁止！

　ルールを守らなかった場合には断固とした態度をとるべきであり、最初にそのことを子どもたちに話しておく必要がある。以下に、子どもがルールを守らなかった場合の対応例を示す。

・初めてのルール違反に対しては注意を与える（子どもがその注意を聞いて理解しているかを確認する）。その子どもには、2回目のルール違反をした場合には1回休み（参加停止）になることを覚えさせておく。
・繰り返しの違反の場合は、参加停止にする。例えば、注意を受けた子どもを5分間休ませる。また、子どもが暴れる、あるいは怒っている場合は、参加停止時間中に別の課題を与えても良い（たとえば、指定された経路を

第II部　バルシューレの実践プログラム　　*53*

走って往復するなど）。そして、さらに違反を重ねた場合には、長時間の参加停止、場合によってはプログラムの終わりまで停止となることを告げておく。
・もう一度違反した場合には15分間の参加停止となる。
・最初の違反であっても深刻な違反の場合には、15分間の参加停止が与えられることもある。

⑤個人へのフィードバック

　ゲームがうまくいったときや特別な工夫がみられたときにはグループ全体を褒める。しかし、子どもたち一人ひとりにもフィードバックを与えた方が良い。そのことによって、子どもは指導者の注意が自分に向いていることを感じる。フィードバックは、運動の後すぐに直接本人に行うことが望ましい。その際、指導者はできる限りすべての子どもに公平に、すなわち、全ての子どもに同じ回数だけ声をかけるようにする。

　ある子どもが、課題を特別にうまく達成した場合、あるいは創造的に解決した場合には、その子どもに当該の運動をデモンストレーションさせるなどポジティブな評価を強調することも大切である。

⑥争いの解決

　子どもたちの間で見られるけんかや意見の衝突には、理解の気持ちを持って、そして真剣に向かい合う必要がある。衝突が起きるのは子どもの発達上正常なものであるため、起きることは避けられない。しかし争いが正常なことだといっても、無視したり、問題を軽視したりしてはいけない。争いの原因をきちんと考えることはその子どもにとって重要なことであり、また同じことが起こらないようにさせなければならない。そして、発生した争いは、そのプログラム中に確実に解決しなければならない。以下に、子ども同士の争いへの対応例を示す。
・それぞれの子どもは自分の考えを詳しく説明し、できれば相手の子どもにも理解させる。この際、両者ともに、他の子どもが発言しているときに妨害しないことを決まりとして定めることが必要である。そして、指導者が子どもが述べた見解をもう一度反復することによって、子どもたちは指導者が自分たちのことを正しく理解していると確信することができる。

・指導者は、自ら解決策を提案したり状況を判断したりする前に、子どもたちに自分たちで解決できる方法はないか尋ねた方が良い。自分たちで見つけた解決策は、子どもたちに受け入れられやすく、実行に移すのも容易である。
・明確なルール違反が起こった場合（例えば、蹴る、噛むなど）、指導者は、これらの望ましくない行動をはっきり指摘し、毅然とした態度をとるようにする。

⑦説明、ボディランゲージ及び合図

　指導者はシンプルな言葉を用いて、ゲームや練習の説明を、短く、はっきりと行うことに注意を払う。特に、幼児だけでなく小学生でも、集合したときに並ぶ位置や、「右」と「左」の概念は、常に具体的な目印と結びつけて説明した方が良い。子どもは、大人にくらべてボディランゲージや表情に注意を向けるため、「だめ！」という場合には、言葉だけでなく毅然とした態度をとるべきである。また、広い体育館では、指導者の声をすべての子どもたちに届かせることは難しいので、補助手段として視覚的合図および音の合図を利用するのも良い。以下に、その例を示す。
・指導者が腕を上げる → すべての子どもが一緒に集まる
・トライアングルの音の合図 → すべての子どもが丸くなって座る
・イエローカード → 警告、レッドカード → 参加停止
・腕を頭上で交差 → ボールをかごに戻し指導者の話を聞く

2）よくある事例

　これらの事例は、バルシューレ教室で指導者が経験することの多いものである。したがって、指導者養成ならびに再教育の際にこれらの問題をとりあげ、議論すると非常に有意義である。
①ある子どもがバルシューレに来てから6週間になる。最初から母親と一緒に体育館に入ってきていた。子どもは、体育館に入ってきたら、すぐに自由遊びに加わるために、指導者を無視して他の子どもの方へ走っていく。その時あなたはどうしますか？
②指導者はコーンとボーリングピンで場を設営したが、1人の子どもが素早く走ってきて、それらをすべて撒き散らそうとした。あなたはどのように

第Ⅱ部　バルシューレの実践プログラム　　*55*

対応しますか？

③新たなゲームを説明するためにすべての子どもを集めたいとき、音や視覚的合図を使った。その時、2人の子どもが集まらずにボールで遊び続けている。あなたは何をしますか？

④ある子どもが、指導者に近づいて、指導者をつねったりたたいたりする行動を繰り返し行い、どこまでやっていいのか試している。あなたはすでに止めてほしいと子どもに伝えた。しかし子どもは10分後にまたそれを再開した。あなたはどうしますか？

⑤ある子どもが、乱暴で人をののしるような言葉を使い、バルシューレの時間中に他の子どもたちにそれを言った。あなたはどのように対応しますか？

⑥指導者が新たなゲームを説明しているとき、1人の子どもが「そんなのつまらない。ぼくはやらない」と言った。あなたはどのように対応しますか？

⑦あなたが小さいボールを何個か持ってきたが、2人の子どもがそのうちのいくつかを奪って逃げた。あなたは何をしますか？

⑧ある子どもが、他の子どもにいたずらをした（あまり目立つほどではないが、何度も繰り返す）。しばらくすると、いたずらされた子どもが、もう一方の子どもを叩いた。叩かれた子どもは泣き始め、怒り出した。そして、すぐに母親のところに行きたいと言い出した。あなたはどうしますか？

⑨丸くなって座って集合したとき、1人の子どもが指導者のひざの上に座ってきた。別の子どももそれを見て、指導者の膝の上に座った。さらに3人目の子どもが跳び上がって、無理やり間に入ろうとした。3人ともお互いに「あっちに行って！」と不平を言う。あなたは何をしますか？

⑩ある子どもが与えられた課題を解決することができず、非常に怒っている。そして、もうやりたくないので家に帰りたいという。あなたは何をしますか？

⑪指導者が手を上げた時にはすぐに集合することを子どもと約束してある。最初はこれがうまくいっていたが、しだいに守られなくなってきた。指導者が手を上げても、一部の子どもたちは見るが、他の子どもたちはまったく注意を向けなくなった。さらにその後には、最初は合図を見ていた子どもたちも無視するようになった。あなたはどうしますか？

3. 1回のプログラム実施例

　1回45分間のクラスで、12名の子どもの参加を想定したプログラム実施例を紹介する。これは、筆者らが実施したバルシューレクラスのうち、4歳〜5歳クラス、5歳〜6歳クラス、6歳〜7歳クラスの一般的な3つの実施例である。バルシューレの実践の際には、ここで紹介する例が役立つが、その際に次の2点について考慮して頂きたい。

　1点目は、必ずしもこれらの実施例のようにプログラムを展開できるとは限らないことである。ここで紹介する3つの実施例は、すべて課題遊び（ゲーム）に移行した段階のクラスであり、また指導者および子どもたちは、バルシューレプログラムを何度も経験している。このため、初めてバルシューレに参加する子どもを対象とする場合には、実施できるゲームや練習の数が本実施例よりも1つ〜2つ少なくなる可能性が考えられる。

　2点目は、本実施例に示した年齢や、各プログラムに記載した留意点および指導者の声かけ内容は、全ての子どもに適用できるとは限らないことである。例えば、4歳〜5歳のプログラムとして紹介しているゲームや練習でも、ルールを工夫したり、課題を複雑にしたりすることで、6歳〜7歳のクラスで実施することが可能である。また、同じ年齢の子どもであっても、その子どもの学習段階によって実施できるゲームや練習の内容が異なってくる。したがって、これらの実施例は参考資料として捉え、バルシューレ実践の際には参加する子どもの実態を把握した上でプログラムを構成する必要がある。

　次の1）〜3）の実施例の見方であるが、最も左の列にそれぞれのゲームや練習に費やす時間、左から2列目にゲームや練習の番号（C11であれば、C領域の11番を意味する）とその名称、左から3列目には用意する物品とその個数、そして最も右の列にはプログラム実施の際の留意点および指導者の声かけ（声かけに該当する部分は斜体表記）を示した。

第Ⅱ部　バルシューレの実践プログラム　　*57*

1）4歳〜5歳のプログラム実施例

時間(分)	プログラム	物品	留意点・声かけ
0〜5	・開始の挨拶		
5〜12	・C3 風船＋スティック	・風船・スティック （各自1個）	・最初は手など様々身体部位で行う。 *・風船を落とさず、何回できるかな？*
12〜20	・B10 コーンの森	・コーン（多数） ・風船・ボール・リング等（各自1個）	・コーンを木に見立てる。 *・木にぶつからず宝物を運べるかな？*
20〜27	・C5 動物の森	・ボールかご（1〜2個） ・ボール（多数）	・最初はトラックをゆっくり移動し、徐々に速度を上げる。 *・トラックにたくさん木の実（ボール）を入れよう！*
27〜35	・A2 熊の巣穴	・ボールかご（1〜2個） ・ボール（多数） ・コーン（6個）	・最初は熊なしでも良い。 *・熊の巣穴に石を入れて意地悪してやろう！*
35〜43	・A1 ゴー・スルー	・ボール（多数） ・ボールかご（2個） ・コーン（4個）	・最初は、指導者がボールを転がし、子どもがボールを持ち運ぶ。 *・宝物（ボール）を何回運べたかな？*
43〜45	・終了の挨拶		

2）5歳〜6歳のプログラム実施例

時間(分)	プログラム	物品	留意点・声かけ
0〜5	・開始の挨拶		
5〜12	・B1 風船キャッチ ・B27 課題キャッチ 壁当て	・ボール（各自1個）	・柔らかいボールを使用する。 *・ボールを投げて、○○できるかな？*
12〜20	・C9 4大陸	・滑り止めつきマット（4枚）、もしくはコーンで4つのゾーンを作る。	・まずは鬼なしで行い、次に指導者が鬼になる。 *・3秒以内に移動できるかな？*
20〜27	・A4 クリーン大作戦	・ボール（多数） ・コーン（2個）	・2チームに分け、最初は手で行い、次第に様々な方法でボールを扱う。 *・自分のチームの部屋をきれいにしよう！*
27〜35	・B16 きのこ狩り	・ボール（多数） ・フラットリング（4個）もしくはコーン（多数）	・クリーン大作戦で散らばったボールを集める。 ・様々な方法で、きのこ（ボール）を運ぶ。 *・きのこ（ボール）を、たくさん集めよう！*

時間(分)	プログラム	物品	留意点・声かけ
35 ～ 43	・A10 シューズホッケー	・ボールかご（1 ～ 2個） ・コーン（多数）	・コーンで立ち入り禁止ゾーンとゴールを作るが、ゴールの色と自チームのビブスの色とあわせると子どもが理解し易い。 ・柔らかくよく転がるボールを使用する。 ・*このボールを打って、相手の門を破ろう！*
43 ～ 45	・終了の挨拶		

3) 6 ～ 7歳のプログラム実施例

時間(分)	プログラム	物品	留意点・声かけ
0 ～ 5	・開始の挨拶		
5 ～ 15	・B25 ボール停止・キャッチ ・C22 ボールの軌道を予測 ・C27 壁打ちキャッチ	・ボール（各自1個）	・*ボールを投げて、○○できるかな？* ・*新しい技を考えてみて！（B25, C27）*
15 ～ 25	・B30 ラインドリブル ・A16 ドリブル・ティッカー	・ボール（各自1個） ・コーン（4個）	・手だけでなく、足やスティックでも行う。 ・ボールを取られたら、コートの周りを1周してからゲームに復帰する。
25 ～ 35	・A17 すき間を探せ	・ボール（各自1個） ・コーン（6個）	・2チームに分け、最初は手で転がして行う。 ・ゲームに使用するボールの数を調整する。
35 ～ 43	・A15 城ボール	・ボール（1 ～ 2個） ・ダンボール箱や買い物かご ・コーン（多数）	・コーンで立ち入り禁止ゾーンを作るが、ゴールの色と自チームのビブスの色とあわせると子どもが理解し易い。 ・最初は各チーム1個のゴールから始めると良い。 ・柔らかいボールを使用する。 ・*宝物（ボール）をお城（ゴール）に届けよう！*
43 ～ 45	・終了の挨拶		

第Ⅱ部　バルシューレの実践プログラム　　59

4. ゲームおよび練習のプログラム

　幼児のミニバルシューレと、小学校1・2年生のバルシューレでは異なる学習内容（ABC）が設定されている。しかし、実践するプログラムや練習においては、ミニバルシューレとバルシューレで課題の難易度こそ異なるが、共通するプログラムが多くある。このことから、本書では小学校1・2年生のバルシューレの3領域（A：戦術、B：コーディネーション、C：技術）に基づきゲームおよび練習を分類した。

　ゲームおよび練習には、それぞれ学習内容が位置づけられている。図10の上段にはプログラムの番号と名称、中段には学要内容を示している。それぞれのゲームおよび練習には、1つだけの学習内容が位置づけられることは少なく、多くの場合には複数の学習内容が含まれている。本書では、それぞれのゲームおよび練習において、特に重要度の高い学習内容について左から順に記載している。しかし、ミニバルシューレのA領域（捕る、止める、手でのドリブル、足やスティックでのドリブル、投げる、蹴る、打つ）については、他の全ての学習内容の基礎として位置づけられるため、あえて記載していない。図10の下段には2種類の表示がされている。下段左には、ゲームおよび練習を実施する上で適していると思われる年齢を示している。この年齢は、ドイツ語のテキスト（Roth et al., 2011; Roth et al., 2014a）と日本版のテキスト（木村，2007）を基にして、さらに筆者らの実践による経験知を加味して検討し、3歳～8歳の幅に位置づけた。そして、低年齢でも実施できると考えられるプログラムを、各領域（ABC）別に、前方のページに配置した。ここで紹介している多くのゲームや練習は、ルールの変更や用具の調整によって幅広い年齢に対応可能であり、また子どもの学習段階によっても実施できる練習やプログラムが異なってくる。そのため、本書で表示されている年齢は絶対的なものではなく、参考として捉えて頂きたい。次に、下段右には、プレーする方法を示している。手・足・スティック・ラケットについて、それぞれのゲームや練習に特に適している方法を示した。

　本書で紹介するゲームおよび練習のプログラムは、日本版のテキスト（木村，2007）を基にし、ドイツ語のテキスト（Roth et al., 2011; Roth et al., 2014a; Roth et al., 2014b）から一部分を抽出、さらにバルシューレが開発さ

60

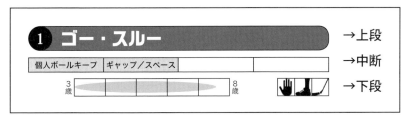

図10　プログラム表示例

れたハイデルベルク大学での調査結果、および筆者らの実践経験を加味して構成した。これらのゲームや練習は、よく知られているものも多くあり、目新しいものばかりではない。また、これらのゲームや練習は、決してルールや用具が固定化されたものでもない。バルシューレの指導者は、これらのゲームや練習に位置づけられている学習内容を理解し、子どもの状況に応じて、より有効なプログラムになるよう工夫していく必要がある。ここで紹介したプログラムを、ウォームアップやメインプログラムなど、幅広い場面に有効な内容に発展させ、さらには新たなゲームや練習を開発して頂きたい。

 **戦術**

本領域の学習内容は、次の7つである（括弧内はその略語である）。

> コート上の位置取り（位置取り）
> 個人でのボールキープ（個人ボールキープ）
> 協働的なボールキープ（協働ボールキープ）
> 個人での数的優位づくり（個人数的優位）
> 協働的な数的優位づくり（協働数的優位）
> ギャップとスペースの認識（ギャップ／スペース）
> スコアリングチャンスの活用：（スコアリングチャンス）

1 ゴー・スルー

| 個人ボールキープ | ギャップ／スペース | |

3歳 ―― 8歳

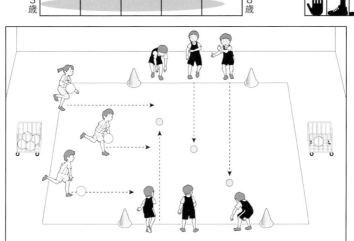

【内容】

2チーム対抗で行う。スタートの合図で白チームは対岸に向けてドリブルしながら進む。黒チームはボールを転がして白チームのプレーヤーに当てる。白チームは、転がるボールに当たったり、自分のボールを失ったりしたらスタート地点からやり直す。対岸につき、ボールをかごに入れると1点となる。一定時間に得点の多いチームが勝ちとなる。

【注意事項・バリエーション】

- 幼児の場合は、指導者がボールを転がす。最初は、プレーヤーはボールを保持したまま行っても良い。
- 人数が多い場合は、転がすボールを多くする必要がある。また、右図のようなリレー形式でも実施できる。

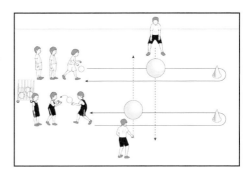

第Ⅱ部 バルシューレの実践プログラム

② 熊の巣穴

| 協働ボールキープ | スコアリングチャンス | | |

3歳 ―――――― 8歳

【内容】
　ボールかごを置き、その周りにコーンを並べ、プレーヤーの立ち入り禁止エリアを作る。プレーヤーは立ち入り禁止エリアの外からボールを投げ、中央のボールかごに入れようとする。指導者は、立ち入り禁止エリア内に入り、ボールをかごに入れられるのを防ぐ。かごは熊の巣穴、指導者は熊、プレーヤーは熊をからかう森の動物に見立てる。

【注意事項・バリエーション】
・様々なボールを使用する。すべてのボールがかごに入るまで行う。
・最初は、熊なしで行っても良い。
・熊を複数配置しても良い。
・熊は、かごの中のボールを次々と出しても良い。

③ インベーダーボール

個人ボールキープ

3歳 ──── 8歳

【内容】

2チームに分かれ、コート内でドリブルするチームと、外からボールを転がして当てるチームに分かれる。ボールが当たったらスカーフなどの目印をつけていく。一定時間内に目印が少ないチームが勝ちとなる。

【注意事項・バリエーション】

- 幼児の場合は、指導者がボールを転がすと良い。またドリブルをせずボールを保持したままでも良い。
- ボールが当たると、一度外に出て何らかの課題を行ってから入る。
- 能力によってコートの広さや、ボールの投げ方を調整する。
- マット等を使って、ボールを転がす位置を限定しても良い。

第Ⅱ部　バルシューレの実践プログラム

④ クリーン大作戦

ギャップ／スペース

3歳　　　　　　　　　　　　8歳

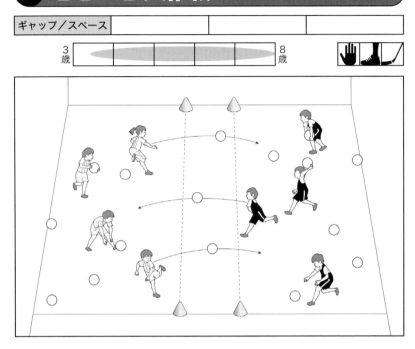

【内容】

コートを区切り2チームに分かれる（図の点線のエリアは立ち入り禁止）。大小様々なボールをコート内に配置し（1人1個以上）、スタートの合図とともにボールを相手コートに投げ入れる。一定時間内にどちらのコートにボールが多く残ったかを競う。

【注意事項・バリエーション】

- 中央に立ち入り禁止エリアを設けるとプレーヤーにボールが当たりにくく安全に実施できる。
- 幼児の場合は、中央の区切りは、マットや平均台を利用すると理解し易い。また、ボールの代わりに新聞紙を丸めて使用しても良い。

⑤ 当てっこ

スコアリングチャンス			
3歳			8歳

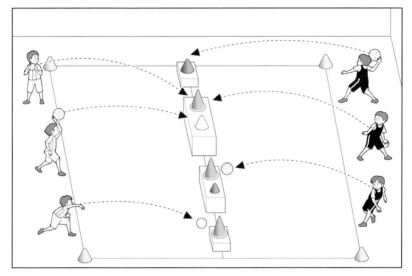

【内容】
　2チームに分かれ、中央にコーン等の的を置く。1人1個以上のボールを準備し、的に向かってボールを投げ、相手コート側に的を落とす。一定時間内に落とした的の数を競う。

【注意事項・バリエーション】
- 足やスティックを使用する場合は、ボーリングピンやペットボトルなど倒れやすい的を床に置くと良い。
- 中央に並べられたコーンのうち左半分は一方のチームが倒し、右半分はもう一方のチームが倒すようにしても良い。
- 中央の的は、様々な高さに設置し、ボールは様々な種類を準備する。

6 恐竜サッカー

ギャップ／スペース			

3歳					8歳	

【内容】

　プレーヤーは円になって隣のプレーヤーの手をしっかり握る。プレーヤー同士の距離は約1mになる。プレーヤーは、輪のすき間から外へボールを蹴り出すことと、それを守るキーパーの役割を同時に行う。

【注意事項・バリエーション】

・ ボールを手で止めることを許可しても良い。

・ バリエーションとして、複数のボールを使う。

7 通り抜けドリブル

| 個人ボールキープ | 個人数的優位 | | |

3歳　　　　　　　　　　　　　　　8歳

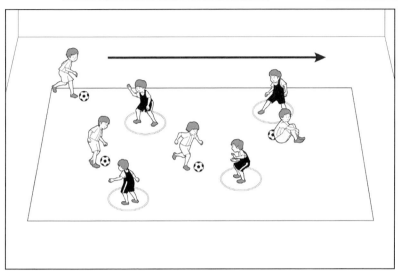

【内容】
　白と黒の2チームに分かれ、白チームはボールを持ってエンドラインに並ぶ。黒チームは、コート内に適当にばらまいたリングに入る。スタートの合図で白チームのプレーヤーは対岸にドリブルで移動する。黒チームのプレーヤーはリングから出ないで邪魔をする。ボールを失うとその場で座り、その数が黒チームの得点となる。

【注意事項・バリエーション】
・コートの大きさはプレーヤーの能力に応じて調整する。
・リングをずらしてはいけない。
・最初はドリブルせずに、ボールを持って走っても良い。

8 ラインボール運び

| 個人ボールキープ | ギャップ／スペース | スコアリングチャンス | |

3歳　　　　　　　　　　　　8歳

【内容】
　ボールかごを2箇所設置し、鬼をライン上に配置する。鬼にタッチされないようにボールを運ぶ。一定時間に運んだボールの数を競う。

【注意事項・バリエーション】
・タッチによる防御時に、ぶつかり合いなどが発生する場合は、攻撃側がタグベルトやスカーフを腰につけ、防御側がそれを引き抜く。
・幼児の場合は、指導者が鬼になっても良い。
・手・足でのドリブルやスティックの操作でボールを運ぶ場合は、体にタッチではなく、防御者がボールに触るかボールを確保することで相手の攻撃を防ぐ。
・1対1のドリブル状況でも実施できる。この場合も、防御者は、攻撃者のボールに触るか、攻撃者のボールを確保するようにする（右図参照）。

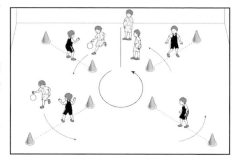

70

⑨ ボール運び

個人ボールキープ	ギャップ／スペース	

3歳 ━━━━━━━━ 8歳

【内容】
　ボールかごを2箇所コートの外に設置し、鬼を配置する。鬼にタッチされないようにボールを運ぶ。一定時間に運んだボールの数を競う。

【注意事項・バリエーション】
- タッチによる防御が危険な場合は、タグベルトやスカーフを腰につけ、それを引き抜く。
- 幼児の場合は、指導者が鬼になっても良い。
- 手・足でのドリブルやスティックの操作でボールを運ぶ。
- 能力に応じてチームの人数や、コートの広さを調整する。

第Ⅱ部　バルシューレの実践プログラム

⑩ シューズホッケー

協働数的優位	位置取り	ギャップ／スペース	
3歳			8歳

【内容】

2チーム対抗で行う。自分の靴を「ホッケーのスティック」として使う。片手で一方の靴を持ち、ボールをその靴で打つ。シュートが成功したら1点とする。

【注意事項・バリエーション】

・ボールはよく転がるものを使う。
・ゴール前でプレーヤーが密集する場合は、立ち入り禁止ゾーンを設け、後ろ側からでもゴールできるようにする。
・靴の替わりに柔らかいスティックを使う。
・2個のボールで同時にプレーする。

11 ベンチサッカー

スコアリングチャンス	協働数的優位	個人数的優位	ギャップ／スペース

3歳　　　　　　　　　　　　　　　　　　8歳

【内容】

2チーム対抗とし、ベンチをゴールにする。どの方向からでもシュートできるようにベンチを置く。ベンチの周りには立ち入り禁止ゾーンを設ける。ボールがベンチの下を通り抜けたら2点、当たっただけなら1点とする。

【注意事項・バリエーション】

・立ち入り禁止ゾーンは広く取る（怪我防止のため）。また幼児の場合は、マット等を使ってわかりやすくすると良い。

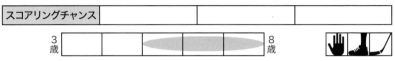

スコアリングチャンス

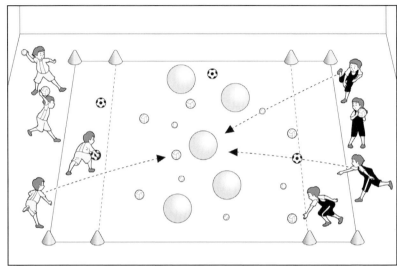

【内容】
　２チームに分かれ、各チームがラインの後ろに並ぶ。各自１〜２個のボールを持つ。中央にフィットネスボール等の目標となるボールを１個〜５個おく。スタートの合図で目標ボールに自分のボールを当てて相手陣地（相手側の点線の外）に追い出すことができたら１点となる。

【注意事項・バリエーション】
・様々な大きさのボールを準備した方が良い。
・コート内にボールを取りに行っても良いが、投げるのはラインの後ろから。

⑬ 箱当て

スコアリングチャンス

3歳　　　　　　　　　　8歳

【内容】

2チームに分かれ、中央にダンボール箱の的を置く。ボールを投げ、相手ゾーンに的を移動させる。一定時間内に相手ゾーンに箱を近づけたチームの勝ち。的になる箱の重さは、プレーヤーの能力によって変更する。

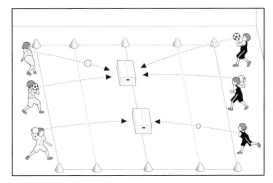

⑭ ロールボール

スコアリングチャンス

3歳　　　　　　　　　　8歳

【内容】

2チームに分かれ、白チームはエンドラインに、黒チームはサイドラインに分かれて並ぶ。白チームは両エンドライン間を2人で1個のボール転がす。そのボールに黒チームは各自のボール

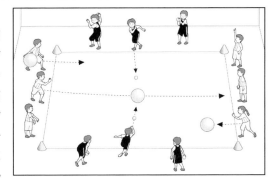

を当てる。一定時間で当たった回数を数え、白と黒の役割を交代する。幼児の場合は、指導者が白チームの役割を担当する。

15 城ボール

位置取り	協働数的優位	ギャップ／スペース

3歳　　　　　　　　　　　　　　8歳

【内容】

ゴールを各チームに設置する。2チームに分かれ、パスによりゴールを狙う。ボールを持ったら走れない。ゴール周辺は立ち入り禁止エリアを設置する。

【注意事項・バリエーション】

- 幼児の場合は、ボールを持ったら3歩まで動けるルールや、3秒間ボールを保持できるルールも有効である。
- ボールの取り合いが激しく危険な場合には、ボールを持った人から1歩分の距離を置く。
- プレーヤーのスキル差が大きく、ゲーム中に全てのプレーヤーがボールに関わることが困難な場合には、各チームに複数ゴールを設置し、右図のように移動可能なゾーンを分割する方法もある。

16 ドリブル・テイッカー

個人ボールキープ

3歳　　　　　　　　　　　　8歳

【内容】
コート内で各自ドリブルをする。自分のボールを守りながら他のプレーヤーのボールをコート外にたたき出す（蹴りだす）。ボールがコートから出たプレーヤーは、コートの周りを1周するなどの課題を行い、再びコート内に復帰する。

【注意事項・バリエーション】
・チーム対抗にし、最初は全員①のゾーンから始め、ボールを外に出すと、次のゾーンに移動できる。一定時間後のゾーンの中の人数×ゾーン番号（①〜④）がチームの得点となる（右図参照）。

第Ⅱ部　バルシューレの実践プログラム

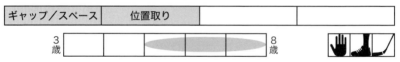

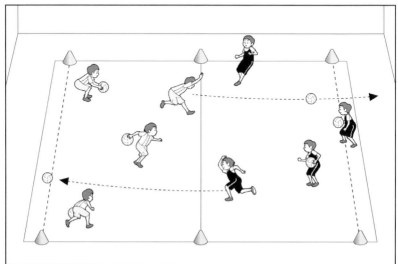

【内容】

コートを半分に分け、2チームが分かれ向かい合う。各チームの背後にはゴールゾーンを設ける。各自1個のボールを持ちスタートの合図で相手方のゴールゾーンに達するようにボールを転がす。相手方ゴールゾーンに達したボールの数がそのチームの得点となる。

【注意事項・バリエーション】

- ストップの合図のあと移動中のボールは生きていることにする。
- 壁をゴールゾーンにすることもできる。
- 複数チーム・複数コートで対抗してプレーすることもできる。例えば4チーム・4コート対抗。

18 シュートボール

| ギャップ／スペース | スコアリングチャンス | | |

3歳　　　　　　　　　　　　　　　　8歳

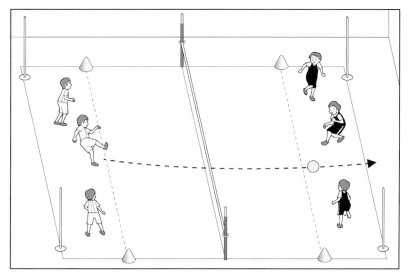

【内容】
　広めのゴールを設け、そこから1〜3mのところにシュートラインを引く。このラインはボールを取りに行く時だけ踏み超えてよい。2〜4人でゴールを守ると同時に、敵が守っているゴールに向けてロングシュートする。

【注意事項・バリエーション】
・ゴールまでの距離やゴールの大きさは能力に応じて決める。
・複数のボールを同時に使うこともできる。
・ボールを足で蹴ったり、スティックで打ったりするときは、手で投げるときよりもゴールまでの距離を大きくとり、ロングシュートにする。
・高いボールを制限する場合は、図のようにコート中央に紐を張り、その下にボールを通過させると良い。

⑲ 離れ小島

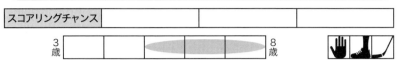

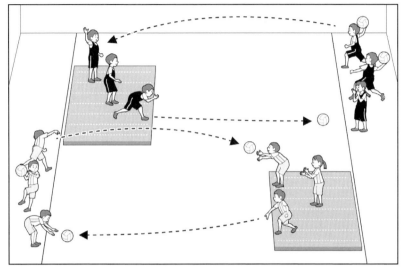

【内容】

2チーム対抗で行う。各チーム内で投げ手と受け手が同じ数になるようにする。投げ手はマット上の受け手にボールを投げ、受け手がマットから出ないでそれをキャッチできたら1点となる。先に10点取ったチームが勝ちとなる。

【注意事項・バリエーション】

- 投げ手と受け手の距離はプレーヤーの能力に応じて決める。また、様々なボールを用いて、様々な投げ方で行う。
- 投げ手の人数分のボールを用意する。受け手はキャッチできなくてもボールを転がして戻すが、その時もマットから離れない。
- バリエーションとして、投げ手と受け手が、それぞれ一列に並び、受け手のキャッチが成功すれば、ボールを持って対岸に移動し投げ手となる。同様に、投げ手も対岸に移動し、受け手になる。チーム対抗でパス回数を競う。

⑳ 渡り鳥

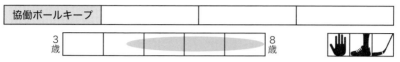

【内容】
　フラットリング（コーンでも可）をジグザグに並べプレーヤーが中に入る。スタートにはボールがたくさん入ったかごを置く。ゴールには、空のかごを置く。スタートの合図でパスし、ゴールに入ったボールの数で勝敗を決定する（最初は競争しないで行ってもよい）。

【注意事項・バリエーション】
- 能力に応じて、パスの距離を調整する（距離を近くするほうが簡単になる）。
- チーム内でパスしているボールは常に1個にする。
- 足やスティックの場合は、リングを取り除きコーンやコート上の線を利用する（図の2本の点線を参照）。プレーヤーは、2本の線の内側に入らないようにしてパスを交換し、全員が1回はボールを触るようにする。

第Ⅱ部　バルシューレの実践プログラム

21 タイガーボール

協働ボールキープ	個人ボールキープ	位置取り	

3歳　　　　　　　　　　　　　　8歳

【内容】

円陣をつくり、2人がタイガーとなり円陣の中に入る。円陣を作っているプレーヤーは互いにパスし、中にいるタイガーはそのボールにタッチしようとする。タッチしたら円陣のプレーヤーと交代する。

【注意事項・バリエーション】

- 幼児の場合は、パサーおよびタイガーは床に膝をつけ、4足歩行で移動しボールを転がすルールにする。また、能力に応じて円陣の大きさを調整したり、図のようにリングを用いる。
- パスはバウンドさせボールは3秒以上持ってはいけない。
- 2チーム対抗の場合は、各チーム2人ずつタイガーになる順番を決める。最初の2人のタイガーが相手チームの円陣の中に入る。タイガーは相手プレーヤーがパスするボールにタッチしようとする。先にタッチしたタイガーが勝ち。両チームとも次のタイガーに代わり、全員がタイガーをするまで続ける。勝ったタイガーが多いチームが勝ち。

22 アドバンテージボール

| 協働ボールキープ | 個人ボールキープ | 位置取り | |

3歳　　　　　　　　　　　　　　　　8歳

【内容】
　2チーム対抗で行う。一方のコートでは白チーム、もう一方のコートでは黒チームの人数が多くなるようにする。人数の多いほうがボールを持ち攻撃となる。スタートの合図で頻繁にパスをする。防御者は、そのパスをカットする。どちらが先にカットするかで勝負を競う。

【注意事項・バリエーション】
・能力に応じて、攻撃と防御のプレーヤーの割合を調整する。
・ボールを長く持たないように時間的ルールを設ける。
・2チーム対抗にせず、1チーム内でディフェンスが入れ替わる。

第Ⅱ部　バルシューレの実践プログラム

23 キングボール

協働数的優位	協働ボールキープ	個人ボールキープ	位置取り

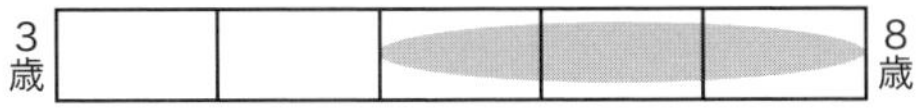

3歳 ― 8歳

【内容】

　各チームから1人のキングが選ばれ、ボックスの上に立ち、ゴールとなる。ゴールの周りを立ち入り禁止ゾーンにする。キングがボックスから落ちないでボールをキャッチできたら1点となる。

【注意事項・バリエーション】

・幼児の場合は、能力に応じて両ゴール間隔を狭くし、立ち入り禁止エリアも狭くする。また、マット等で立ち入り禁止エリアを作るとわかりやすい。

・ボールを持ったまま走ってはいけない。

・ボールの取り合いが激しく危険な場合は、ボールを持った人から1歩分の距離を置く。

・味方同士のパスを促進するために中央ラインを越えてのロングシュートを禁止する。また、一定時間や、得点するごとにキングを交代する。

24 ゾンビボール

| 個人ボールキープ | 位置取り | ギャップ／スペース | スコアリングチャンス |

3歳　　　　　　　　　　　　　　　　8歳

【内容】

コートを作り、ボールを1個〜3個準備する。ボールを持っているプレーヤーは3歩まで移動することができ、ボールを持っていないプレーヤーの首から

下を狙ってボールを投げる。バウンドなしで当たったら休憩エリアに移動する。この際、プレーヤーは、バウンドなしで直接キャッチすることはできない。休憩エリアのプレーヤーは、自分を当てたプレーヤーを覚えておき、そのプレーヤーが当たったらコートに復帰できる。

【注意事項・バリエーション】

・壁があり、広くないコートが良い。
・当たったプレーヤーは、別の課題を行ってからコートに復帰するルールでも良い。
・チーム対抗で行うこともできる（右図参照）。この場合は、味方プレーヤー間でパスすることができ、相手チームのプレーヤーのみを狙う。

・休憩エリアの人数が増えると、そのゲームを終了し、新たなゲームを始める。

第Ⅱ部　バルシューレの実践プログラム

25 インターセプトボール

ギャップ／スペース

3歳　　　　　　　　　　　　　　8歳

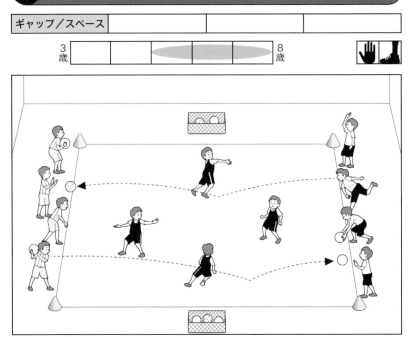

【内容】

　3チームに分かれる。そのうち2チームはエンドラインの外側に立ち、1チームはコートの中に入る。外側のチームは、ボールをパスしあう（手か足のどちらか）。この時ボールは頭の高さを越えないようにする。コート内のチームはこれらのボールをカットする。カットしたボールは横のかごに入れる。全部のボールを捕るのに要した時間が少ないチームが勝ち。

【注意事項・バリエーション】

- やわらかいボールを使う。カットは、手でも足でもどちらでも良い。
- 幼児の場合、最初は頭上を狙ったパスも許可しても良い。
- バリエーションとして、取ったボールを床に置き、外側のチームがこのボールに自分のボールを当ててコートの外に出すことができたら、このボールは生き返る。

26 中抜きボール

| ギャップ／スペース | 位置取り | 協働数的優位 | |

3歳　　　　　　　　　　　　　　8歳

【内容】
　コートを4つのゾーンに分ける。各チームをさらに2グループに分け、互い違いになるようにコートに入り、離れた味方にパスしようとする。ボールを持ったまま走ってはいけない。ゾーン内でのパスはしてよい。相手はボールを奪ったら今度は自分の味方とパスしあう。ゾーン間でうまく通ったパスの数を競う。

【注意事項・バリエーション】
- コートの大きさはプレーヤーの数に応じて決める。パスは頭の高さより下で行う。ボールを複数用いても良い。
- 右図のように2チーム対抗で行い、カットしたボールの数で競うこともできる。
- 幼児の場合は、最初は頭上のパスを許可しても良い。

第Ⅱ部　バルシューレの実践プログラム　　87

27 マットボール

位置取り	協働数的優位	ギャップ／スペース	
3歳			8歳

【内容】
　ソフトマットをゴールにし、その周りを立ち入り禁止ゾーンにする。立ち入り禁止ゾーンの外からボールを投げ、マットの上面に当てたら1点となる。

【注意事項・バリエーション】
- ボールを持ったまま走ってはいけない。
- ボールの競り合いが激しく危険な場合は、ボールを持った人から1歩分の距離を置く。
- 能力によって立ち入り禁止ゾーンの大きさを調整する。
- マットの上にキーパーを置いても良い。
- マットゴールを各チーム複数設置する。
- マットを壁に近づけて壁からの跳ね返りでシュートが決まったら1点とする。

28 フライトボール

| 個人ボールキープ | 協働ボールキープ | 協働数的優位 | 位置取り |

3歳　　　　　　　　　　　　　　　8歳

【内容】
　マットをゴールにし、その周りにフライトゾーンを設ける。パスを繋げてゴールに近づき、1人がフライトゾーンの外からマットめがけて空中でジャンプし、味方からパスをキャッチし、ボールを持ったままマットに着地すると1点となる。

【注意事項・バリエーション】
・ボールを持ったまま走ってはいけない。
・ボールの競り合いが激しく危険な場合は、ボールを持った人から1歩分の距離を置く。
・コートはできるだけ広く取る。
・ぶつかり合い（特にジャンプ時）に注意する。

第Ⅱ部　バルシューレの実践プログラム

㉙ 的当てボール

協働数的優位	スコアリングチャンス	個人数的優位	位置取り
3歳		8歳	

【内容】

ゴールゾーンは立ち入り禁止で、ここにいろいろな的（ボーリングのピン、コーン等）を置く。先にすべての的にボールを当てて倒したチームの勝ち。的に当てたボールはルーズボールとなり、先にボールをとったチームがプレーを続けることができる。

㉚ リバウンドボール

位置取り	協働数的優位	個人数的優位	スコアリングチャンス
3歳		8歳	

【内容】

ロイター板を壁に立てかけ、マットを敷いてロイター板がずれないようにする。ロイター板にボールを当ててシュートするか、リバウンドボールがマットを越え床に落ちたら1点とする。

㉛ 壁当てボール

協働数的優位	位置取り	協働ボールキープ	ギャップ／スペース

3歳 　　　　　　　　　　　　　　8歳

【内容】
　エンドラインの壁面をゴールにする。壁面ゴールにシュートし跳ね返ってきたボールをキャッチ、もしくはストップできたら1点とする。

㉜ 逆さシュート

協働ボールキープ	ギャップ／スペース	位置取り	スコアリングチャンス

3歳 　　　　　　　　　　　　　　8歳

【内容】
　ゴールを壁から2〜3m離したところに置く。ゴールと壁の間は立ち入り禁止。壁にボールを当てて逆からシュートする。プレーヤーの能力に応じてゴールの大きさと距離を決定する。

第Ⅱ部　バルシューレの実践プログラム　　91

㉝ ループボール

スコアリングチャンス	協働ボールキープ	位置取り	ギャップ／スペース

3歳　　　　　　　　　　　　　8歳

【内容】

エンドラインの後ろ約3mのところに各チーム2人がリングを持って並ぶ。味方のリングにシュートし、ボールが通ったら1点となる。リングを持っているプレーヤー

は動いてもよい。バリエーションとして、味方からのパスをバレーボールのように一瞬タッチしてシュートできたら1点とする。

㉞ バックボール

スコアリングチャンス	協働ボールキープ	位置取り	ギャップ／スペース

3歳　　　　　　　　　　　　　8歳

【内容】

2つのコーンで大き目のゴールを作る。パスやシュートは両手でボールを持って股を通し後ろ向きに放つ。これは、空間知覚の向上に役立つ。

92

35 パスを回してゴール

| ギャップ／スペース | 協働数的優位 | 協働ボールキープ | 位置取り |

3歳　　　　　　　　　　　　　　　　8歳

【内容】
　各チーム1人をゴールゾーンに配置する。それ以外のプレーヤーはゴールゾーンに立ち入り禁止となる。ボールを持っているチームはゴールゾーンにいる味方にボールをパスし、パスが通るとゴールゾーンのプレーヤーはシュートに1回挑戦する。ゴールゾーンにいる味方へのパスは頭より下の高さで行う。シュートが決まっても決まらなくてもゴールゾーンプレーヤーは交代する。

【注意事項・バリエーション】
・ボールを持って走らない。
・ボールの競り合いが激しい場合は、ボールを持った人から1歩分の距離を置く。
・図の場合は、コーンを落とせば1点となる。手で行う場合は、バスケットボールのゴールを利用しても良い。

第Ⅱ部　バルシューレの実践プログラム　　93

36 ゾーンボール

位置取り	協働数的優位	個人数的優位	

3歳 □ □ □ ● 8歳

【内容】
　コートを3つのゾーンに分ける。一方のチームから見ると、オフェンスゾーン、ミドルゾーン、ディフェンスゾーンとなる。チームの人数は、オフェンスゾーンでは相手チームより多く、ミドルゾーンでは相手チームと同数、ディフェンスゾーンでは相手チームより少なくなるようにする。各自指定されたゾーンでプレーする。ゴールを決めたら1点となる。ミドルゾーンを飛ばしてはいけない。

【注意事項・バリエーション】
・ゴールとゾーンはコーンで大きさを変える。

37 ブルドッグ

| 個人ボールキープ | 位置取り | ギャップ/スペース |

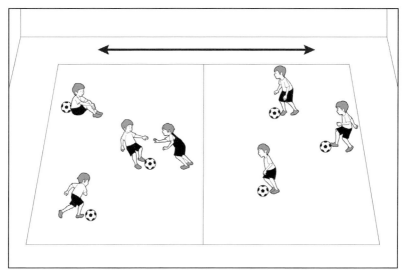

【内容】

　1人（ブルドッグ）が中央ラインに立ち、他のプレーヤーは各自ボールを持ち、エンドラインに並ぶ。ブルドッグが「ブルドッグ、ヨーイドン」と声をかけたらほかのプレーヤーは対岸にドリブルで移動し、ブルドッグはそれらを捕まえる。ブルドッグに捕まるまでエンドラインを行き来する。捕まったプレーヤーはボールをもってその場に座り、全員が捕まるまで続ける。

【注意事項・バリエーション】

・最初または最後に捕まったプレーヤーが次回のトライアルでブルドッグになる。
・バリエーションとして、ブルドッグもボールをドリブルしながら他のプレーヤーを捕まえる。

第Ⅱ部　バルシューレの実践プログラム　　95

38 タッチ・プレーヤー

個人ボールキープ	個人数的優位	位置取り	

3歳　　　　　　　　　　　　　　8歳

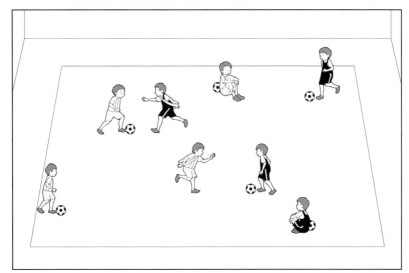

【内容】

2チームがエンドラインに並んで向かい合う。チームから1人鬼を出し、スタートの合図でプレーヤーはドリブルで対岸に移動する。鬼は相手のプレーヤーにタッチする。鬼にタッチされたプレーヤーはその場に座わり、その数が得点となる。

【注意事項・バリエーション】

- 最初の数回は鬼を入れずに練習すると良い。
- 鬼は、区別しやすいように、たすき等をつける。
- 能力に応じてコートの大きさ、鬼の数を調整する。
- バリエーションとして、鬼もドリブルしながら他のプレーヤーにタッチする。

39 空飛ぶボール

位置取り	協働ボールキープ	

3歳 ——————————————— 8歳

【内容】
2チーム以上で対抗。各チームは別々のコートに入る。スタートの合図で1個のボールをチーム内のプレーヤーでショートタッチし、空中に放り上げ床に落とさないようにする。自分のコートから出てはいけない。

【注意事項・バリエーション】
- 人数は1チーム最低3人とする。
- 最初は競争しない。
- 1～2回は床に落ちてもよいことにする。
- バリエーションとして、各プレーヤーに番号をつけ、番号順にボールタッチをする。

第Ⅱ部 バルシューレの実践プログラム

40 ホットポテト

位置取り	ギャップ／スペース	スコアリングチャンス	

【内容】

　コートの真ん中に紐かネットを張る。高さはプレーヤーが手を伸ばしても届かない高さにする。ネットを挟んで2チームが向き合い、ネット越しに相手コートにボールを投げ入れ、相手がボールをキャッチできず床に落とすと1点となる。ボールを持って走ってはいけない。

【注意事項・バリエーション】

・能力に応じて、ネットの高さとコートの広さを調節する。また同時に2～3個のボールを使用したり、ボール保持時間を設定したりする。

・チーム内でパスしても良い。

41 プレルボール

| ギャップ/スペース | 位置取り | | |

3歳　　　　　　　　　　　　　　　8歳

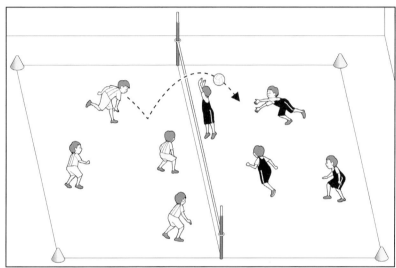

【内容】
コート中央に膝の高さくらいに紐を張り、紐を挟んで2チームが向かい合う。自分のコートにボールをバウンドさせ、そのボールが紐を越えて相手コートに行くようにする。それを相手はキャッチして、同様に自分のコートにバウンドさせ、ゲームは進行する。相手からのボールをキャッチできず自分のコートに落としてしまったら、相手の得点になる。

【注意事項・バリエーション】
・ボールを持ったまま走らない。チーム内でパスしても良い。
・能力に応じて紐の高さとコートの大きさを決定する。
・2〜3個のボールを同時に使用したり、ボール保持時間を設定したりする。

42 オーバーネットパス

| 協働ボールキープ | 位置取り | | |

3歳 ── ── ── ── ── 8歳

【内容】
　コートの中央に紐かネットを張る。高さは手を伸ばしても届かない程度にする。各チームのプレーヤーが半数ずつネットをはさんで両コートに分かれる。ボールを持っているチームが紐（ネット）の向こう側の味方にパスをする。ネットを越えてパスが成功すると1点となる。

【注意事項・バリエーション】
・ボールを持ったまま走らない。
・同一コート内でパスしても良い。
・紐（ネット）の高さは能力に応じて決める。

43 スパイボール

| 位置取り | 個人ボールキープ | ギャップ／スペース |

3歳　　　　　　　　　　　　　　　　8歳

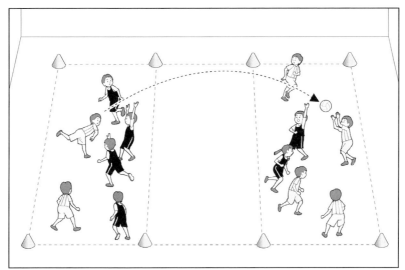

【内容】
　コートを3つのゾーンに分ける。2チームが外のゾーンに分かれて入る。中央ゾーンには入ってはいけない。各チームは1〜2人のスパイを相手ゾーンに派遣する。スパイは味方にボールをパスしようとする。そのパスを味方がキャッチできたらその味方もスパイになる。先に全員がスパイになったチームが勝ち。

【注意事項・バリエーション】
・転がっているボールをとりに行くのはスパイだけ。
・中央ゾーンの代わりに紐やネットを張っても良い。

44 浮島パス

スコアリングチャンス	ギャップ／スペース		

3歳 　　　　　　　　　　　　　　　8歳

【内容】
　大小の四角形のコートをつくり、一番外側と一番内側のゾーンに攻撃プレーヤーが入る。その間のゾーンに防御プレーヤーが入る。それぞれのゾーンから出てはいけない。外側の攻撃プレーヤーからのパスを内側の攻撃プレーヤーが止めることができれば1点となる。

【注意事項・バリエーション】
・ローテーションで一定時間内に何点取れたかを競う。
・能力に応じてボールとプレーヤーの数を調整する。

45 パンサーボール

協働ボールキープ	位置取り	スコアリングチャンス	

3歳　　　　　　　　　　　　　　　　8歳

【内容】
　各チームから相手チームに1人パンサーを派遣し2箇所で同時にスタートする。1人がパンサー（図左では黒ビブス、図右では白シャツ）となり相手から逃げ、残りのプレーヤーはボールをパスしあい、ボールでパンサーを追い詰めていく。ボールを持ったまま動いてはいけない。両手で持ったボールでパンサーにタッチできたら捕獲終了となる。先にパンサーを捕まえたチームが勝ちとなる。

【注意事項・バリエーション】
・能力に応じてコートの広さを調整する。
・パンサーがコートから出たら捕獲されたことになる。
・バリエーションとして、パンサーはドリブルしながら逃げる。

第Ⅱ部　バルシューレの実践プログラム　　103

46 パス鬼ボール

協働ボールキープ	位置取り	スコアリングチャンス	
3歳			8歳

【内容】
　2人が鬼（黒ビブス）となり、残りのプレーヤーを追い詰める。鬼はスタートの合図でボールをパスしあい、逃げるプレーヤーに両手で持ったボールでタッチする。ボールを持ったまま動いてはいけない。

【注意事項・バリエーション】
・能力に応じてコートの広さを調整する。
・逃げるプレーヤーはコートから出てはいけない。
・鬼を2組、3組と増やす。
・タッチされたプレーヤーは、別の課題を行ってからコートに復帰する。
・バリエーションとして、鬼以外のプレーヤーはドリブルしながら逃げる。

47 鬼っこボール

位置取り	協働数的優位		

3歳　　　　　　　　　　　　　　　8歳

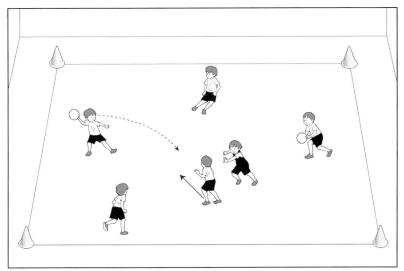

【内容】
　1人鬼っこ（黒ビブス）を決める。スタートの合図で鬼っこはボールをパスしあう相手のプレーヤーにタッチして捕まえようとする。ただし、ボールを持っているプレーヤーにはタッチできない。

【注意事項・バリエーション】
- ボールの数は能力に応じて決める。数が多いほど鬼っこには難しくなる。
- 2チーム対抗で行う場合は、各チームから相手チームに1人鬼っこを派遣し2箇所で同時にスタートする。先に相手のプレーヤーを捕まえた鬼っこが勝ちとなる。
- バリエーションとして、鬼っこはドリブルしながら相手プレーヤーをタッチする。

第Ⅱ部　バルシューレの実践プログラム

48 チェンジボール

| 協働ボールキープ | 位置取り | | |

3歳 ～ 8歳

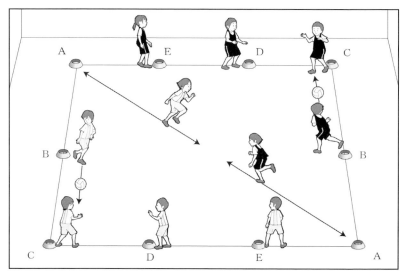

【内容】
　プレーヤーはまずコートのライン上に同間隔でならび、内側に体を向ける。対角の2人がボールを持ち、右隣の人にパスをする。パスが終わったら対角の2人は場所を入れ替わる。同様に、ボールを持つと右隣の人にパスし、相対する位置にいる人と入れ替わる。（AはA、BはB、というように）

【注意事項・バリエーション】
・各プレーヤーのポジションをマーカーコーンで指定し、対角・対面のどのプレーヤーとチェンジするのか予め確認させておくと良い。
・パスの方法、方向を変える。
・競争形式では、一方のチームが他方のチームに追いつかれないようにする。

49 ラインボール

スコアリングチャンス	協働数的優位	個人数的優位	ギャップ／スペース

【内容】

2チームでボールを奪い合うゲーム。各チームの背後にそれぞれエンドラインを設け、相手のエンドラインの後ろでボールを受け止めることができたら1点となる。

【注意事項・バリエーション】

- ドリブルでエンドラインを越えてはいけない。
- 場合によっては敵のエンドラインの後ろにとどまる時間を設定する（3秒間ルールなど）。
- 1〜2人のプレーヤーを常時エンドラインの後ろに配置する。
- エンドラインの後ろで待ち構えている味方ではなく、パスが出た後で走りこんだ味方がパスを受けたときのみ1点とする。

50 ワイドゴール

協働数的優位	ギャップ／スペース	位置取り	スコアリングチャンス
3歳			8歳

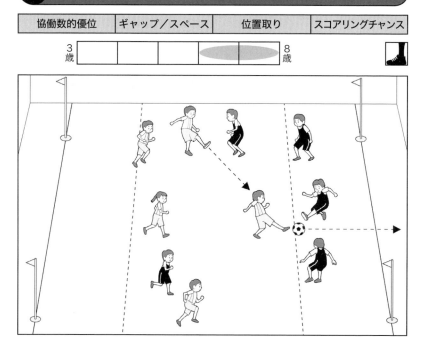

【内容】

2チーム対抗で行う。エンドライン上に幅広いゴールをつくり、ゴールゾーンを設ける。相手がボールを持って攻めるときは、防御チームは3人がゴールゾーンに入って守らなければならない。攻撃側はゴールゾーンに入ってはいけない。フィールドで数的優位のオフェンスはパスを回して、最適な位置からシュートする。シュートやボールを失った後、防御と攻撃が入れ替わる。

【注意事項・バリエーション】

・ゴールゾーンを守るプレーヤーの数は能力やチームの大きさに応じて決定する。

・ゴールゾーンに入るプレーヤーは、ローテーションで交代する。

51 門破り

| 協働数的優位 | 個人数的優位 | 位置取り | 隙間の認識 |

3歳　　　　　　　　　　　　　　8歳

【内容】
　2チームでボールを奪いあう。コート内に旗門をいくつか設置する。味方同士でボールをパスし相手のボールタッチなしで旗門を通過したら1点となる。得点後には、すぐに次のプレーに移る。

【注意事項・バリエーション】
・同じ旗門で2回連続得点しない。
・2個のボールで行うことも可能である。
・バリエーションとして、3チーム以上で行う。

第Ⅱ部　バルシューレの実践プログラム　　109

52 タマゴめぐり

協働数的優位	協働ボールキープ	個人数的優位	位置取り

3歳　　　　　　　　　　　　　　　　8歳

【内容】
　2チーム対抗で行う。コート内にフラットリングを設置し、その中で味方からのパスをキャッチすることができたら1点となる。相手チームは、パスをカットして得点を阻止する。リングは片方のチームの人数より多くする。

【注意事項・バリエーション】
・ボールを手で扱うときは、ボールを持ったまま走らない。
・ボールの競り合いが激しく危険な場合は、ボールを持った人から1歩分の距離を置く。
・能力に応じて、リングの中には3秒以上いることができないルールや、ゴールの際は、座ってキャッチしなければいけないルールを用いる（図参照）。
・足で行う場合は、相手プレーヤーがリングの中に足を踏み入れることによって得点を無効にできる。
・パスの方法を変更する（バウンドパスのみなど）。

 # コーディネーション

　本領域の学習内容は 7 つである。これらのうち「負荷のプレッシャー」に特化した練習はなく、他のプレッシャーで行う練習を組み合わせて持続的に行うことになるため、本章では、学習内容として敢えて取り上げていない。

> ボール感覚
> 時間のプレッシャー
> 正確性のプレッシャー
> 連続性のプレッシャー
> 同時性のプレッシャー
> 可変性のプレッシャー
> 負荷のプレッシャー

　ここで重要なことは、基本的なボールスキルを様々な技術的課題（例えば、異なるゴールの形状、距離、高さ、ボール操作時の姿勢、左右の手でのボール操作、様々なフェイント動作を入れながらなど）で実施し、また様々な種類のボール（例えば、大きさ、重さ、飛行特性、表面の構造などが異なるもの）を使用することである。

1 風船キャッチ

連続性のプレッシャー

3歳　　　　　　　　　8歳

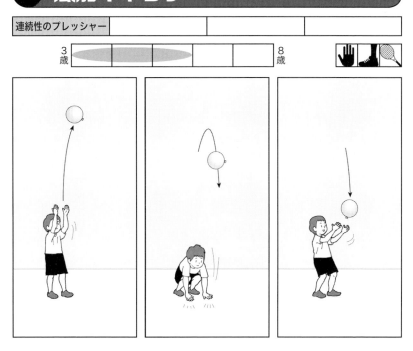

【内容】
　風船を打ち上げ、両手を床にタッチしてからキャッチする。これと同様に、1回転してキャッチ（下図①）、拍手をしてからキャッチ（下図②）など、能力に応じて、付加する課題を決定する。

【注意事項・バリエーション】
・膝や頭などにタッチしてからキャッチする。
・近くの壁や床のラインにタッチしてからキャッチする。
・足で風船を蹴り上げる。
・風船でできれば、ボールでも同様の課題を行う。

①

②

2 ダブル風船

| 同時性のプレッシャー | 時間のプレッシャー | 正確性のプレッシャー |

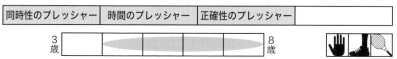

【内容】
　各自2個の風船をもって、床に落とさないように連続して打つ。

【注意事項・バリエーション】
・風船をタッチする身体部位を制限する。例えば、赤の風船は手で、青の風船は足でなど。
・近くの壁や床のラインにタッチしてからキャッチする。
・風船を3つ使用する。
・様々な身体部位、またラケットやスティックでも同様に行う。

第Ⅱ部　バルシューレの実践プログラム

③ コーンボールキャッチ

正確性のプレッシャー

3歳 ———————————— 8歳

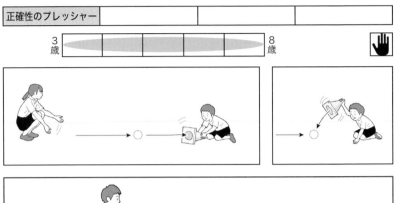

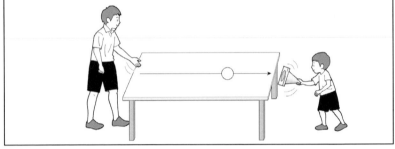

【内容】

指導者が転がしたボールをコーンでキャッチする。慣れてくれば、左右に転がしたり、軽くバウンドさせたりする。また、テーブルや卓球台などを使用して同様の課題を行う。

【注意事項・バリエーション】

・慣れてくれば指導者が山なりに投げたボールをコーンでキャッチする（右図参照）。

・小さいコーンは難易度が高いため、最初は大きめのコーンから始めると良い。

114

④ 宝探し

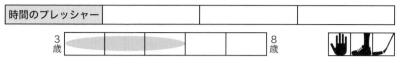

【内容】

2チームに分かれ、一方のチームが並べたコーンの中にボールを隠す（半分程度）。もう一方のチームはボールを隠すところは見ないようにする。スタートの合図とともに、ボールを探しに行く。ボールを1つ見つけるたびにかごの中に投げ入れる。すべてのボールを入れ終えた時間を競う。

【注意事項・バリエーション】
・最初は、チーム対抗戦で行わず、指導者がボールを隠す。
・ボールを見つけて運ぶときは、足で運んだり、ホッケーのようにスティックで運んだりすることもできる。

5 鉄道

連続性のプレッシャー	可変性のプレッシャー		

【内容】

2人のプレーヤーがスティックを持ち電車のように走る。体育館の床のラインや、コーンを線路に、さらにベンチ、跳び箱などを駅や橋として見立て、走るコースを作る。バリエーションとして、指導者の合図で特急列車のようにスピードを上げる。

6 スケート

連続性のプレッシャー	時間のプレッシャー		

【内容】

4つのコーンで氷の池を作る。プレーヤーは、片足もしくは両足の下に新聞紙や広告紙、または布をひき、スケートのようにすべる。指導者の「嵐が来た！」の合図とともに、プレーヤーは、スケートをやめ、安全な場所に走って逃げる。その際、使用していた新聞紙を体の前面に貼り付けたり、手に持ったりして走る。

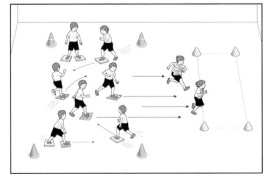

7 転がしパス

連続性のプレッシャー	可変性のプレッシャー	ボール感覚	

3歳　　　　　　　　　　　　　　　　8歳

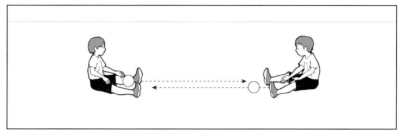

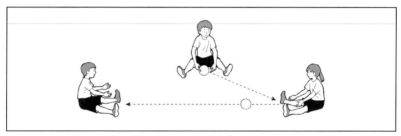

【内容】
　2人組か3人組になり、お互い向かい合って床に座る。1個のボールを片手で操作し、お互いに転がしてパスをしあう。

【注意事項・バリエーション】
・両手でボールを転がす。
・2つのボールを転がす。
・手や靴でボールを打ってパスしあう。

第Ⅱ部　バルシューレの実践プログラム　　117

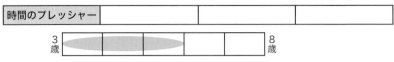

【内容】

コーンを4つ使用する。それぞれのコーンに異なる動物の絵を描いておく。指導者がタンバリンや太鼓の音を鳴らすと、プレーヤーは4つのコーン内を走りだす。音が止まったときに、指導者が動物の名前を言う（例えば「虎！」）。その合図によって、プレーヤーは、できるだけ速く虎が描かれているコーンに移動する。移動が終わると、指導者は再度音を鳴らして、ゲームを再開する。

【注意事項・バリエーション】

・ コーンに集まるときに動物の鳴き方や動きのまねをして移動する。

⑨ コーンタッチ

| 連続性のプレッシャー | 時間のプレッシャー | | |

3歳 ▭▭▭▭▭ 8歳

【内容】
　小さなカラーコーンを多数並べる。プレーヤーは、コーンの間を自由に移動する。指導者が「手！」、「足！」、「膝！」などの指示を出すと、プレーヤーは指示された身体部位で一番近くのコーンをタッチし、すぐに動き出す。

【注意事項・バリエーション】
・身体部位の代わりに、色を指定し、プレーヤーは指定された色にタッチする。
・また、コーンにタッチする代わりに、指定された色のコーンを飛び越える。
・バリエーションとして、コーンの間を移動する際に、スキップ、後ろ向きに走ることや、ウサギやカエルのように跳ぶなど様々な方法で移動する。

⑩ コーンの森

連続性のプレッシャー	時間のプレッシャー		

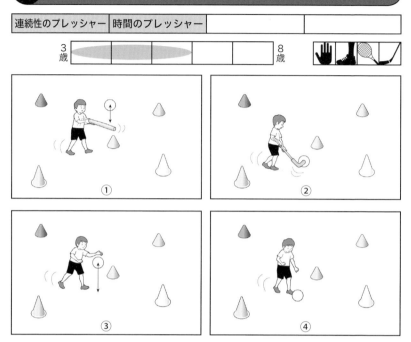

【内容】
　カラーコーンを多数並べる。コーンを木に見立て、またボールや風船を宝物に見立てる。ボールや風船を操作しながらコーンの間を移動する。その際、コーンや他のプレーヤーにぶつからない様にする。図①はスティックと風船、図②はスティックとボール、図③は手でのドリブル、図④は足のドリブルである。

【注意事項・バリエーション】
・ボールを足に挟んで跳ぶ、手で転がす、フラットリングで転がすなど多様な方法でボールを操作する。
・指導者が色を指示し、その色のコーンの前でボールや風船を止める。

⑪ トンネルボール

| 連続性のプレッシャー | 時間のプレッシャー | 正確性のプレッシャー | |

【内容】
　プレーヤーを２つのグループに分ける。各チームに異なる種類のボールを渡す（例えば、一方のチームはバレーボール、もう一方のチームはバスケットボールなど）。プレーヤーはコート内をドリブルしながら移動する。指導者の「バレーボール！」の合図とともに、バレーボールを持ったプレーヤーが指導者のところに集まり、一列になってトンネルを作る。バスケットボールを持った子どもたちは、素早くトンネルを通り抜ける。

【注意事項・バリエーション】
・バリエーションとして、合図されたボールを持っているプレーヤーは、一列にならず、その場で立ち止まり足を開いて門を作る。他のプレーヤーがすべての門にボールを通過させる。

12 2人組風船キャッチ

連続性のプレッシャー	同時性のプレッシャー		

3歳　　　　　　　　　　　　8歳

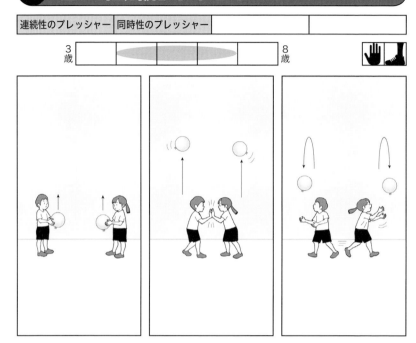

【内容】

2人1組になり、各自風船を1個持つ。2人で同時に風船を投げ上げ、お互い両手でタッチし、自分が投げ上げた風船をキャッチする。

【注意事項・バリエーション】

- 風船を投げ上げた後、2人とも膝立ちになったり、座ったりした状態でタッチする。
- 1人に2個の風船を使用する。
- 足で風船を蹴り上げ、同様の課題を行う。

13 2人組投げ上げキャッチ

時間のプレッシャー	正確性のプレッシャー		

3歳 ─── 8歳

【内容】

2人1組になり、各自1個のボールを持ち、2～3m離れて立つ。2人が同時にボールを垂直に投げ上げ、素早く場所を入れ替わり相手のボールを床に落とさないでキャッチする（図①参照）。最初は、ボールではなくスカーフを使うと良い（図②参照）。

①

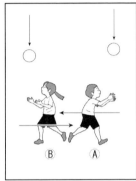

【注意事項・バリエーション】

・2人のスタート位置にマットなど目印になるものを置き、その上でキャッチする。
・2人がすれ違う時に付加的運動を行う（例えば、手をタッチ、床をタッチなど）。
・開始姿勢を変える（たとえば、床にひざまずいた状態など）。
・スキル向上にともなって図③のようにボール2個を使用する課題を行う。

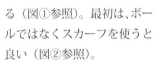
②

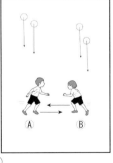
③

第Ⅱ部 バルシューレの実践プログラム　123

14 ボールリレー

| 時間のプレッシャー | 正確性のプレッシャー | | |

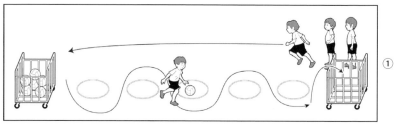

【内容】

3人〜4人で1チームとなり、リレー形式で行う。最初のプレーヤーがボールを取ってかごに入れたら、次のプレーヤーがスタートする。これを繰り返し行い、対岸のボールが先になくなったチームが勝ちとなる。指導者の指示により、手や足でのドリブルや（図①）、足にボールを挟んで運ぶことなど運動の形態を変更する（図②）。

【注意事項・バリエーション】

・様々な方法でボールを運ぶ（図③〜⑥）。
・最初は競争的に行う必要はない。

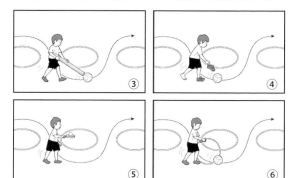

15 リングの占有

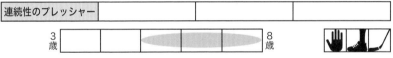

【内容】
　2人で1チームとなり、各チームに4〜6つのリングを並べる。最初のプレーヤーがボールを取り、1つ目のリングにボールを入れる。その後、元の位置に戻ると、直ちに次のプレーヤーがボールを取りに行き、2つ目のリングにボールを入れる。これを繰り返し行い、すべてのリングを先に占有したチームが勝ちとなる。

【注意事項・バリエーション】
・次のゲームでは、リング内にあるすべてのボールをかごに速く戻したチームが勝ちとなる。
・リングを1列に置くのではなく、ばらばらに置き、一方のチームは青リング、もう一方のチームは赤リングというようにボールを置くリングの色を指定すると、ゲームの難易度が高くなる。
・様々な方法でボールを運ぶ。

16 きのこ狩り

| 時間のプレッシャー | 可変性のプレッシャー | | |

3歳 ～ 8歳

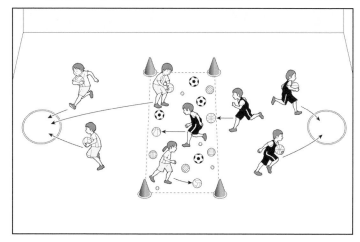

【内容】
　プレーヤーは2チームに分かれる。きのこに見立てたボールを自分の陣地に集める。一方のチームは、バスケットボールを集め、もう一方のチームはサッカーボールを集めるというようにゲームを行う。ボールの色でチームを分けることも可能である。早くすべてのボールを集めたチームが勝ちとなる。3チーム以上でも同様に行える。

【注意事項・バリエーション】
- ボールは一度に1つしか運べない。
- ドリブルなどボールの運び方を限定する。
- ボールを中央にまとめず、ランダムに配置すると難易度が上がる。
- バリエーションとして、リレー形式で、1人ずつボールを取りにいく課題も可能である。この際、1人目のプレーヤーがボールを取ってきて、陣地に置いたら2人目のプレーヤーがスタートする。もしくは、1人目のプレーヤーが取ったボールを2人目のプレーヤーにパスし、ボールを陣地に置いたら、そのプレーヤーがスタートする。

17 的当て競争

| 正確性のプレッシャー | 時間のプレッシャー | | |

3歳　　　　　　　　　　　　　　　　8歳

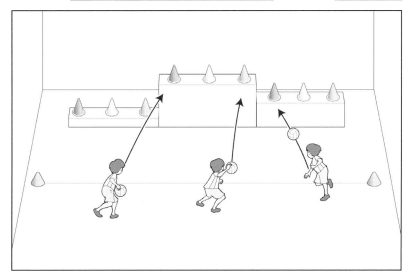

【内容】
　3人～4人でチームをつくり、各チームに複数のボールを配る。複数の的を置き、スタートの合図でプレーヤーは的にボールを当てる。一定時間内にいくつのコーンを倒せるかを競う。

【注意事項・バリエーション】
・投げ方を限定したり、足やスティックでなど様々な方法で行ったりする。
・チーム対抗戦で行い、どのチームが一番先にすべての的を倒すかを競う。
・ボールかごを準備し、そこにボールを入れる。どのチームが一番先に全部のボールを入れることができるかを競う。

18 じゃんけんシュート

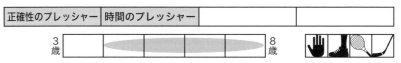

【内容】

　コート中央で2人1組になり、じゃんけんをする。勝ったプレーヤーは、いずれか1つの課題ブースにいく（図では、コーンの的当て、かごへのシュート）。その課題を成功するまで行い、成功後に元の位置に戻り、相手を見つけ再びじゃんけんをする。じゃんけんで負けたプレーヤーは、すぐに他の相手を見つけ、じゃんけんをする。すべての課題が終了すれば（的当てではコーンを全てたおす、かごへのシュートでは全てのボールがシュートされるなど）、ゲームは終了となる。

【注意事項・バリエーション】

・多様な課題を設定する。

19 サーキット

| 同時性のプレッシャー | 連続性のプレッシャー | | |

【内容】
　障害物を並べたコースをドリブルして進む。ベンチ、平均台、ミニハードル、リング、ポールなどが使用できる。上図は、手でのドリブル用の例である。能力に応じて、難易度を変更する。

【注意事項・バリエーション】
・リレー形式で行う。
・足・スティック用に、コース変更する。
・左右両方の手足を使う。

第Ⅱ部　バルシューレの実践プログラム　　129

⑳ ボールまわし

| ボール感覚 | 正確性のプレッシャー | |

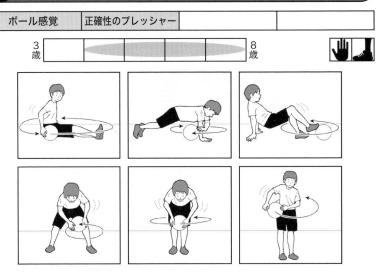

【内容】
　ボールを様々な身体部位の周りで回す。歩きながらや、走りながら同様に行う。

㉑ バランス

| ボール感覚 | 正確性のプレッシャー | |

【内容】
　様々な身体部位の上でボールを落とさないようにバランスをとる。最初は手掌などで行い、徐々に指先など小さい部分でバランスを取る。

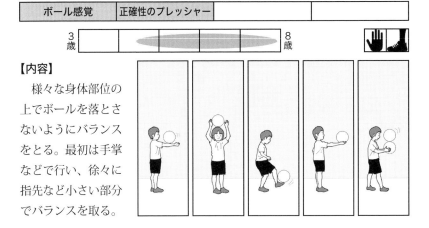

22 タップ

| 時間のプレッシャー | ボール感覚 | | |

【内容】

腕を伸ばした状態で、指と手首を使用し、ボールを連続で、かつできるだけ多くタップする。

【注意事項・バリエーション】

・足でも同様にボールをタップする。

23 股下キャッチ

| ボール感覚 | 時間のプレッシャー | | |

3歳　　　　　　　　　　　　　　　8歳

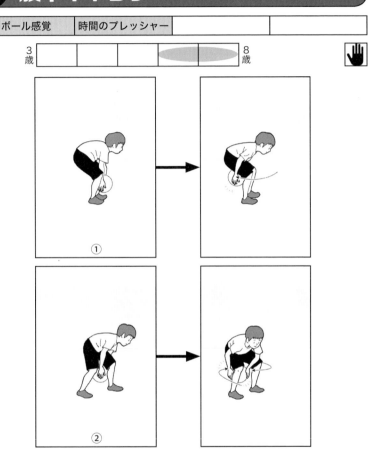

【内容】
　ボールを両手で保持し、ボールを離した後、再び素早くキャッチする。図①は腕を両脚の前でボールを保持し、両脚の後ろでキャッチする。図②は両腕を斜めにしてボールを保持し、左右の腕を入れ替えてキャッチする。

【注意事項・バリエーション】
- 最初はボールをワンバウンドさせても良い。
- 10回連続で行う時間を競ったり、数本の指先だけでボールを操作したりする。

24 バウンド

| 時間のプレッシャー | 正確性のプレッシャー | ボール感覚 | |

3歳　　　　　　　　　　　　　　　　8歳

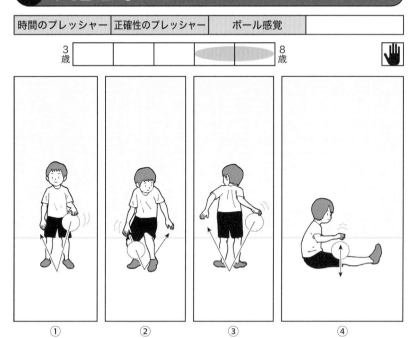

① ② ③ ④

【内容】
　ボールを一方の手から他方の手にバウンドさせる。図①は身体の前、図②は脚の間、図③は背中の後ろをバウンドさせる。図④は座ったままからはじめ、バウンドさせながら背中、頭を順に床につけていく。その後、もとの姿勢にもどる。

【注意事項・バリエーション】
・一方の手で何度かバウンドさせてから、他方の手にチェンジする。
・バウンドさせる高さを変える。
・体の周りと股の下でバウンドさせながら8の字になるようにボールを移動させる。
・できるだけ素早く行う。

第Ⅱ部　バルシューレの実践プログラム　　133

25 ボール停止・キャッチ

連続性のプレッシャー

3歳　　　　　　　　　　　　8歳

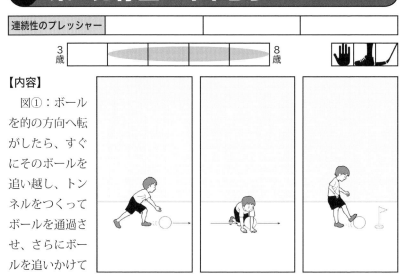

【内容】

図①：ボールを的の方向へ転がしたら、すぐにそのボールを追い越し、トンネルをつくってボールを通過させ、さらにボールを追いかけて的に達する前に止める。最初は、途中に課題を付加せずボールを転がして止めるところから始め、徐々に両足を開いて通過させるなど簡単な課題を付加する。

【内容】

図②：ボールを前方に投げ（蹴り、打ち）、課題を付加してから（例えば、台を飛び越したり、紐の下を潜り抜けたりする）、ボールをキャッチする。

②

【内容】

図③：体育館のラインに背を向けて立ち、両脚の間をくぐらせてボールを後方のラインの向こうへ投げたら、すぐに体の向きを変えてラインを跳び越

③

え、ボールをキャッチする。バリエーションとして、ボールが床に落ちた時に足でボールを止める。また、最初はボールを投げずに転がして行っても良い。

【内容】

図④：ボールを軽く上に投げ、バウンドするボールを跳び越す。ボールが再び床に落ちる前に、素早く体の向きを変えて、ボールをキャッチする。

④

バリエーションとして、2バウンド目で飛び越えたり、壁に当てたボールを跳び越えたりする。

26 空中ボールコントロール

正確性のプレッシャー	可変性のプレッシャー	

3歳　　　　　　　　　　　　　8歳

【内容】

　各自1個のボールをもって、体育館に均等に散らばる。ボールを高く投げ上げ、体のいろいろな部位を使ってボールを打ち上げ、落とさないようにする。

【注意事項・バリエーション】

・風船を使うと簡単な課題になる。
・左右両方とも練習する。
・最初はワンバウンドさせることも許可する。
・使用する身体部位を制限する（例えば、足だけ）。
・競争形式で行う。

㉗ 壁当て―課題キャッチ

連続性のプレッシャー	同時性のプレッシャー		

【内容】

　各自１個のボールを持ち、壁に向かって投げる（蹴る、打つ）。跳ね返ってくるボールを受ける前に、付加的な課題を行う（例えば、回転、一度座ってから立つ、手をたたくなど）。

【注意事項・バリエーション】

・開始時の基本姿勢を変える（例えば、膝をついて、座って）。
・壁を使わずにボールを投げ上げて、同様の課題を行う。
・複数の課題を合わせる（例えば、回転してから手をたたいてキャッチする）。
・付加的課題をプレーヤーに自由に選ばせる。

第Ⅱ部　バルシューレの実践プログラム　*137*

28 壁当てゾーンキャッチ

正確性のプレッシャー

3歳　　　　　　　　　　　　8歳

【内容】

壁から2～3mのところに小さいゾーンを作り、そこから壁に向かってボールを投げ、跳ね返ってきたボールをゾーン内でキャッチす

る。最初はワンバウンドさせてからキャッチしても良い。

【注意事項・バリエーション】

・最初は、ゾーンを作らない。
・後ろ向きで頭の上を通過させてボールを投げたり、股の下から投げたりするなどパスの方法を変える。
・キャッチできたら一歩ずつ後ろに下がる。
・壁に紙片をいろいろな高さに貼り、同様の課題を行う。紙片に点数を書き入れ、プレーヤーは当てた紙片の点数を獲得する（右図参照）。

29 箱当てリレー

| 正確性のプレッシャー | 時間のプレッシャー | | |

【内容】
　複数のチームを作り、各チームにボール1個を配る。2台の箱を前後にくっつけて並べ、手前の箱にボールを当てる。うまく当たったら、その箱を2番目の箱の後ろに置く。次のプレーヤーも同じことを行い、箱がゴールラインに達したら終わりとなる。

【注意事項・バリエーション】
・チームの人数は3～4人であれば練習量を確保できる。
・ボールを箱の中に投げ入れ、同様のゲームを行う。
・投げ方、蹴り方、打ち方を変える。

30 ラインドリブル

正確性のプレッシャー

3歳 — 8歳

【内容】

体育館の床のラインに沿って、できるだけ正確にドリブルする。他のプレーヤーと出会ったら手を打ちあって挨拶し、ドリブルを再開する。バリエーションとして、指導者

の合図で移動するラインを変える（例えば、赤から青）。また、指導者の合図でドリブルの仕方を変えても良い。

31 ドリブルストップ

正確性のプレッシャー

3歳 — 8歳

【内容】

コート内を自由にドリブルする。指導者の合図で出来るだけ早くボールを止める。バリエーションとして、ボールの止め方を変える（例えば、膝や肘など）。また、コート内

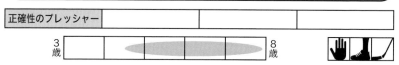

に障害物を置いて同様の課題を行う。

32 ゾーンドリブル

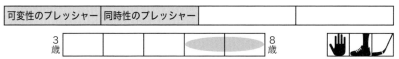

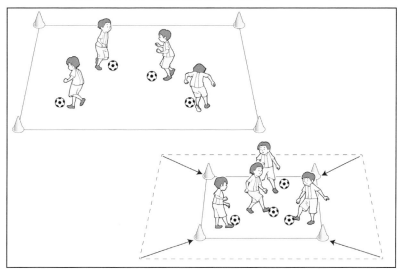

【内容】
　徐々に小さくなるプレーゾーンで全員がドリブルする。最初は走りながらドリブルするが、プレーゾーンが小さくなってきたら歩いてボールをコントロールし、互いにぶつからないようにする。

【注意事項・バリエーション】
・コーン等でコートを区切る。
・指導者の合図で、まず自分のボールを止め、次に隣のボールに乗り換えて、ドリブルを再開する。
・バリエーションとして、プレーゾーンに「どろぼう」を置き、どろぼうは他のプレーヤーのボールをとる。

33 反応ドリブル

|可変性のプレッシャー|時間のプレッシャー| | |

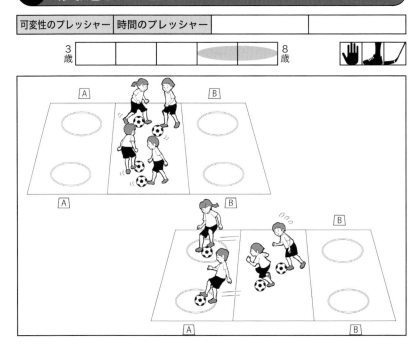

【内容】
　コートを3つのゾーンに分け、外側の2つのゾーンには、それぞれリングを人数より2つ少なく置いておく。各自ボールを1個持って中央のゾーンでドリブルをする。指導者の合図（上図の場合は、「A！」の合図）で、指定されたゾーンに移動し、各自リングに入る。

【注意事項・バリエーション】
・リングに入れなかったプレーヤーは、減点を受ける。何回か行い、最後に減点が少ないプレーヤーが勝ちとなる。

㉞ 2ボール連続壁当て

| 時間のプレッシャー | 連続性のプレッシャー | | |

3歳　　　　　　　　　　　8歳

【内容】

各自2個のボールを持って、壁から約2m離れる。まず1個目のボールを壁に向かって投げ、それが跳ね返って床にワンバウンドしてからキャッチする。1個目のボールが手を離れている間に2個目のボールを同様に投げ、これを繰り返す。

㉟ 2ボール投げ上げキャッチ

| 正確性のプレッシャー | 同時性のプレッシャー | | |

3歳　　　　　　　　　　　8歳

【内容】

各自2個のボールを持つ。2個のボールを同時に垂直に投げ上げ、再びキャッチする。バリエーションとして、2個のボールを空中でクロスさせたり、衝突させたりする。また、両手をクロスさせてボールをキャッチする。

第Ⅱ部　バルシューレの実践プログラム　　143

36 2ボールドリブル

同時性のプレッシャー	正確性のプレッシャー		

3歳　　　　　　　　　　　　　　　　8歳

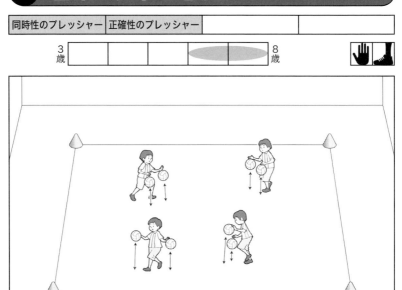

【内容】
　各自2個のボールを持ってコート内に入る。2個のボールを同時にドリブルする。

【注意事項・バリエーション】
・あらかじめ移動するコースを設定する（例えば、体育館のラインなど）。
・最初はその場でドリブルする。
・その場でドリブルする際、両方のボールを同時にドリブル、交互にドリブル、異なるテンポのドリブル、目をつむってドリブル、座ってドリブルなどのバリエーションを設ける。
・一方のボールは手で、もう一方のボールは足でドリブルする。

37 ドリブル＋操作

| 同時性のプレッシャー | 正確性のプレッシャー | | |

3歳　　　　　　　　　　　　　　8歳

【内容】
各自1個のボールを片手に持ち、もう一方の手にはボールとは別のものを持つ。コート内に入り、両手を同時に操作しながら移動する。

38 ジャンプ＋ボールキャッチ

| 同時性のプレッシャー | 連続性のプレッシャー | | |

3歳　　　　　　　　　　　　　　8歳

【内容】
両足にボールを挟み、そのままジャンプしながらボールを上げ、手でキャッチする。

第Ⅱ部　バルシューレの実践プログラム

39 対面パス

| 正確性のプレッシャー | | | |

3歳 ━━━━━━━━ 8歳

【内容】
 2人が向き合って、2本のコーンの間をボールが通るようにパスをする。バリエーションとして、パスの方法を変更したり、2個のボールを同時にパスしたりする。

40 対面パス（動きながら）

| 正確性のプレッシャー | | | |

3歳 ━━━━━━━━ 8歳

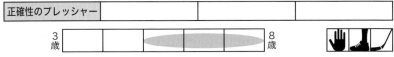

【内容】
 2人で歩いたり走ったりしながら、リングの中にバウンドさせるようにパスをする。バリエーションとして、2個のボールを同時にパスする。

41 関門シュート

| 時間のプレッシャー | 可変性のプレッシャー | | |

3歳　　　　　　　　　　　　　　8歳

【内容】

複数の関門を、ドリブルとシュートで通過する。一定時間内にできるだけ多くの関門を通過することが課題となる。バリエーションとして、1つの関門を通過するたびにStartのコーンをタッチする。

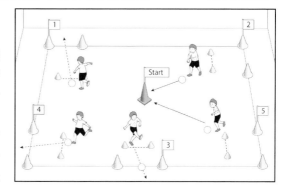

42 関門パス

| 時間のプレッシャー | 可変性のプレッシャー | | |

3歳　　　　　　　　　　　　　　8歳

【内容】

複数の関門を、お互いパスしながら通過する。一定時間内にできるだけ多くの関門を通過することが課題となる。バリエーションとして、1つの関門を通過するたびにStartのコーンをタッチする。

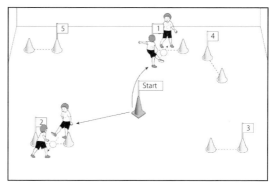

第Ⅱ部　バルシューレの実践プログラム

43 2ボール対面パス

| 同時性のプレッシャー | 時間のプレッシャー | | |

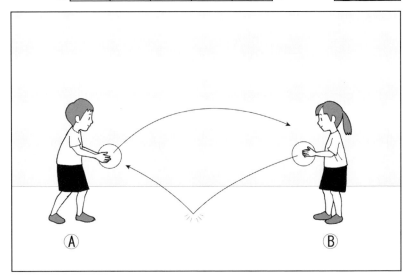

【内容】

各自1個のボールを持って、2人が向き合い2つのボールを同時にパスしあう。例えば、Aがストレートパス、Bがバウンドパスなどを行う。

【注意事項・バリエーション】

- 右図のように2種類のパスの仕方を組み合わせる（例えば、手＋足、足＋スティックなど）。
- 3個のボールで行う（例えば、手＋手＋足など）。

44 2人組―回転パスキャッチ

| 時間のプレッシャー | 連続性のプレッシャー | 正確性のプレッシャー |

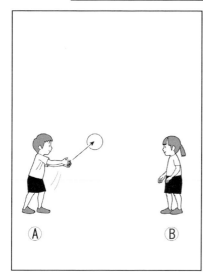

【内容】

お互い何メートルか間隔をとってボールをパスしあう。AがBにパスする時には、Bは付加的課題(図の場合は360°回転)を行ってからボールをキャッチする。

【注意事項・バリエーション】

・パスする前からBが回転しないように、Aはパスのフェイントをしても良い。
・各自1個ボールを持ち、同時にパス、および付加的運動を行う(右図参照)。

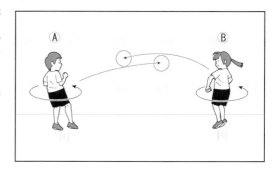

第II部 バルシューレの実践プログラム　149

45 2人組リターンパス

時間のプレッシャー	連続性のプレッシャー	正確性のプレッシャー	

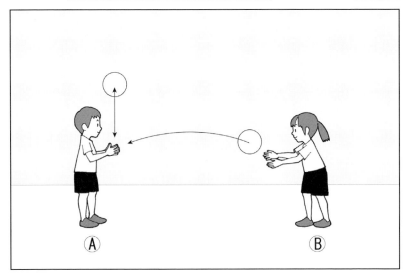

【内容】
　2人が各自1個のボールを持ち、2〜3m間隔を空けて立つ。Aが垂直にボールを投げ上げ、BはAに水平にパスをする。AはBからのボールをキャッチしたらすぐにBに返し、さらに自分が投げ上げたボールが床に落ちないうちにキャッチする。

【注意事項・バリエーション】
・1回ごとに役割を交代する。
・自分のボールをキャッチする前に、もう一つ付加的課題を行う（例えば、背中の後ろで手をたたく、ジャンプして自分のボールをキャッチするなど）。
・3個のボールで行う（難しい課題になる）。

46 2人組ドリブル＋パス（その場で）

| 同時性のプレッシャー | 正確性のプレッシャー | | |

3歳 □ □ □ □ ● 8歳

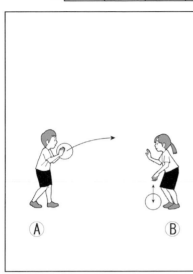
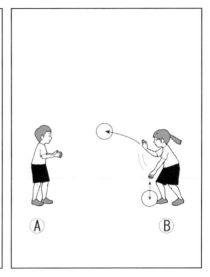

【内容】
　2人が各自1個のボールを持ち、2～3m間隔を空けて立つ。Bはその場でドリブルを行う。AはBに水平にパスをする。Bはドリブルを継続しながら、ボールをキャッチしたらすぐにAに返す。

【注意事項・バリエーション】
・最初はゆっくり行う。
・バリエーションとして、各自1個のボールをドリブルしながら、さらに1個のボールをパスしあう。

第Ⅱ部　バルシューレの実践プログラム　　151

47 2人組ドリブル＋パス（動きながら）

|同時性のプレッシャー|正確性のプレッシャー| | |

【内容】

2人が互いに2～3m間隔を空け、各自1個のボールをドリブルしながら移動する。さらに3個目のボールをパスしあう。

【注意事項・バリエーション】

・コートの中に障害物を置く。
・移動するコースをあらかじめ決めておく。

48 2人組風船＋パス

| 同時性のプレッシャー | 正確性のプレッシャー | 時間のプレッシャー | |

3歳　　　　　　　　　　　　　　　8歳

【内容】

2人が向き合い、各自1個の風船を打ち上げ落とさないようにする。さらに1個のボールを2人でパスしあう。バリエーションとしてパスするボールを2個にする。

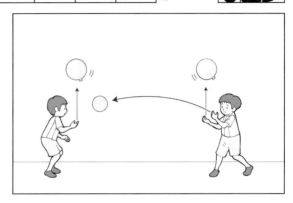

49 ドリブル＋風船

| 同時性のプレッシャー | 時間のプレッシャー | | |

3歳　　　　　　　　　　　　　　　8歳

【内容】

コート内で各自1個のボールをドリブルしながら、複数の風船を床に落とさないように打ち上げる。風船の数は能力に応じて決定する。2チーム対抗で行うこともできる。

第Ⅱ部　バルシューレの実践プログラム　*153*

50 ドリブルタッチ

可変性のプレッシャー

3歳　　　　　　　　　　8歳

【内容】

　小さいコートを作り、2人のプレーヤーが入る。一方のプレーヤーがドリブルし、もう一方のプレーヤーがボールにタッチしようとする。ただし相手の体には触れない。バリエーションとして、2人ともドリブルしながら行う。

51 パスカット

可変性のプレッシャー

3歳　　　　　　　　　　8歳

【内容】

　AとBがコーン上でプレーし、お互いパスしあう。Cはそのボールをカットしようとする。ローテーションの例として、AからBにパスが試みられると、CはAと役割を交代し、Aが防御者になる。次に、BからCにパスが試みられると、BとAが役割を交代する。パスは頭の高さを越えてはいけない。また、能力に応じてコーン間の広さを調整する。

52 グループパス

| 可変性のプレッシャー | 正確性のプレッシャー | | |

3歳 ─────────── 8歳

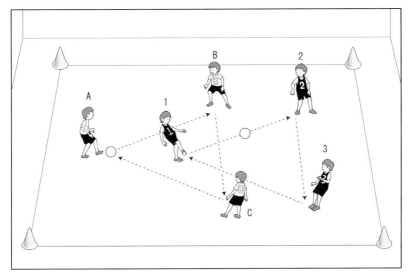

【内容】
　A、B、Cの3人が1組となり、さらにもう3人が1組となる。これらの2組が限られたコートの中でできるだけ多くボールをパスしあう。その際、他の組のボールやほかのプレーヤーとぶつからないようにする。

【注意事項・バリエーション】
・コートの大きさは能力によって調整する。
・パスの方法を変える。
・コート上に障害物を置く。

第Ⅱ部　バルシューレの実践プログラム　　*155*

 **技術**

本領域の学習内容は、次の7つである（括弧内はその略語である）。

> ボール軌道の認識（軌道の認識）
> 味方の位置と動きの認識（味方の認識）
> 相手の位置と動きの認識（相手の認識）
> ボールへのアプローチの決定（アプローチの決定）
> 着球点の決定（着球点の決定）
> ボールキープのコントロール（キープのコントロール）
> パスのコントロール（パスのコントロール）

❶ スカーフキャッチ

着球点の決定	アプローチの決定		

【内容】

　指導者が、台の上や、体育館の観覧席に上り、そこからスカーフや風船を落下させる。プレーヤーは、順番に並び、落下したスカーフ等をキャッチする。スカーフをキャッチするたびに、準備したかごに入れる。

【注意事項・バリエーション】

・指導者が姿を隠しながら、スカーフを落下させ、どこから落ちてくるかわからないようにする。
・能力に応じてプレーヤーのスタート位置を調整する（徐々に後ろに下げていく）。
・プレーヤーは順番に並ばず、全員で一斉にスカーフを取りに行き、取った数を競う。

第Ⅱ部　バルシューレの実践プログラム　*157*

② ダンプカー

着球点の決定			

3歳					8歳

【内容】
　プレーヤーは2人1組になり、各組に1枚スカーフを持つ。指導者はスカーフの上にボールを乗せる。プレーヤーはそのボールを次の組に受け渡し、かごの中にボールを入れる。これを連続して行う。

【注意事項・バリエーション】
・指導者がボールを入れるタイミングを徐々に早くする。
・右図のように各組に1個ボールをのせ、所定のかごまで運ぶ。

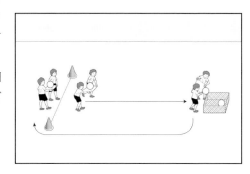

３ 風船＋スティック

着球点の決定

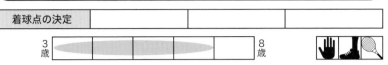

①

②

【内容】
　柔らかいスティックと風船を１個ずつ持ち、風船を落とさない様に打ち続ける（図①）。スキル向上に伴い、用具をテニスなどのラケットとボールに変更し、ボールを落とさないように打ち続ける（図②）。

【注意事項・バリエーション】
・スティックだけではなく、手・足・頭でも行ってみる。
・風船やボールの数を複数にする。

4 壁当てボール入れ

パスのコントロール

3歳　　　　　　　　　　　　　8歳

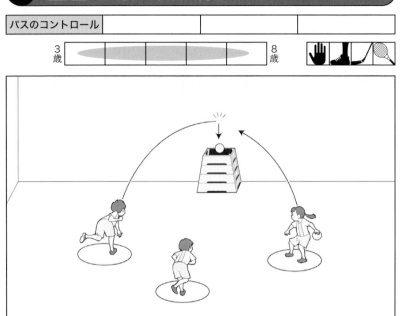

【内容】
　壁の前に跳び箱やボールかごを置く。そして、様々な距離のところにリングを置き、壁に当ててから、跳び箱（ボールかご）にボールを投げ入れる。

【注意事項・バリエーション】
・跳び箱と壁の距離を変える。
・跳び箱の代わりにボールかごを利用すれば、散らばったボールを片付けるのに便利になる。

5 動物の森

パスのコントロール

3歳 ──────── 8歳

【内容】

動物がたくさん住んでいる森をトラックが通過する。トラックに見立てたボールかごを指導者が移動させる。プレーヤーは森の動物になり、木の実に見立てたボールを投げ入れる。ボールを入れれば、新たなボールを取りに行き同様に行う。

【注意事項・バリエーション】

- 様々なボールを使用する。
- 右図のようにリングを使えば、投げる高さも変化させることができる。
- ボールかごで行えば、ボールを片付けるのに便利。

第Ⅱ部 バルシューレの実践プログラム　*161*

6 マット島

| 味方の認識 | 相手の認識 | | |

3歳 ━━━━━━━━━ 8歳

【内容】
　異なる色のマットで複数のゾーンを設置する。指導者の合図とともに指定された色のエリアに移動する。その際、鬼となる指導者に捕まらないようにする。マットの代わりに

リングでも良い。また、バリエーションとして、折りたたみマットを使用して、ゲームが進むたびに、マットを折りたたみ、島を小さくしていく。

7 リング引越し

| 味方の認識 | 相手の認識 | | |

3歳 ━━━━━━━━━ 8歳

【内容】
　1人に1つのリングを準備する。指導者の合図によって、決められた時間内に別のリングに引越しする。最初は、ゆっくり行うが、徐々に時間を短く設定する。また、ボールを持っ

て移動しても良い。リングを人数より減らすことでより競争的になる。バリエーションとして、1つのリングに2人ずつ入る課題もできる。

8 ライオン

相手の認識			

3歳　　　　　　　　　　　　　　8歳

【内容】

2人のライオン役の指導者が座っている。プレーヤーは観光者となり、ライオンに近づき、写真撮影や触ってみたりする。指導者の「ライオンが起きた！」の声によって、ライオンがプレーヤーを捕まえる。プレーヤーはライオンに捕まらないように安全な場所に逃げる。追いかけ方はプレーヤーの能力に応じて、4足歩行や2足歩行などを決定する。

9 4大陸

相手の認識	味方の認識		

3歳　　　　　　　　　　　　　　8歳

【内容】

マット等で4つのゾーンを作り、中央に鬼を配置する。合図とともに異なるゾーンへ移動する。途中で鬼にタッチされると鬼を交代する。また、鬼を交代せずに増やしていったり、鬼が増えると手を繋いで捕まえに行ったりするルールもできる。最初は指導者が鬼をすると良い。

第Ⅱ部　バルシューレの実践プログラム

10 ねことねずみ

相手の認識	キープのコントロール		

3歳　　　　　　　　　　　　8歳

【内容】

四隅に安全地帯を設ける。2〜3人が「ねこ」(捕まえる人)になり、他の人たちは「ねずみ」になる。ねずみは4つの安全地帯に均等に分かれ、ドリブルしながら移動し、安全地帯

を順に立ち寄る。ねこは安全地帯の外にいるねずみを捕まえる。捕まったねずみは出てきた安全地帯へと戻る。最初は指導者がねこをすると良い。

11 しっぽとり

相手の認識			

3歳　　　　　　　　　　　　8歳

【内容】

各自リボンやスカーフなどの尻尾をズボンの後ろに挟んでたらす。他のプレーヤーの尻尾を取りに行き、取ったプレーヤーはその尻尾を自分のズボンに挟む(幼児の場合は指導者が

挟む)。一定時間プレーした後、誰が一番多くリボンを挟んでいるかを競う。最初は、指導者が尻尾を付け、プレーヤーは指導者の尻尾を取るルールで行うと良い。

164

12 的抜き

パスのコントロール		

3歳 ━━━━━━━━ 8歳

【内容】
　中央にコーン等の障害物を置く。ボールを転がし、障害物に当たらないように通過させる。中央の障害物の配置によって難易度がかわる。手だけでなく、足やスティックも使用する。

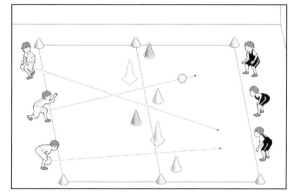

13 ゴールをねらえ！

着球点の決定	パスのコントロール	

3歳 ━━━━━━━━ 8歳

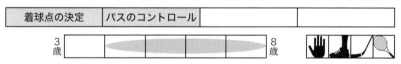

【内容】
　壁やゴール内にいろいろな的を設置する。プレーヤーはそれらの中から的を一つに絞ってダイレクトに当てる。いろいろな高さの的を設置し、いろいろな距離から投げる。また、様々なボールで実施する。

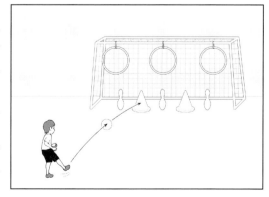

第Ⅱ部　バルシューレの実践プログラム

14 ボールをねらえ！

着球点の決定	アプローチの決定	パスのコントロール

3歳　　　　　　　　　　　　　8歳

【内容】

2つのコーンでゴールゾーンを作り、的の代わりに指導者がボールを次々転がす。プレーヤーはゴールゾーン内で転がっているボールに自分のボールを当てる。

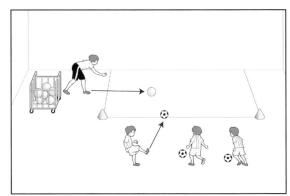

15 リングをねらえ！

着球点の決定	アプローチの決定	パスのコントロール

3歳　　　　　　　　　　　　　8歳

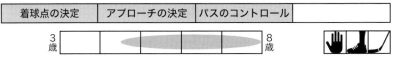

【内容】

2つのコーンでゴールゾーンを作り、的の代わりに指導者がリングを次々転がす。プレーヤーはゴールゾーン内で転がっているリングに自分のボールを通過させる。

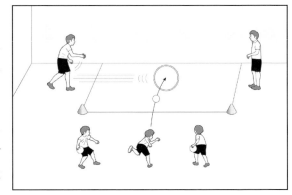

16 かごをねらえ！

| 着球点の決定 | アプローチの決定 | パスのコントロール |

3歳　　　　　　　　　　　　8歳

【内容】

2つのコーンでゴールゾーンを作り、的の代わりに指導者がかごを次々転がす。プレーヤーはゴールゾーン内で転がっているかごに自分のボールを投げ入れる。

17 人をねらえ！

| 着球点の決定 | アプローチの決定 | パスのコントロール |

3歳　　　　　　　　　　　　8歳

【内容】

2つの仕切りでゴールゾーンを作り、的の代わりに指導者が走る。プレーヤーはゴールゾーン内で走っている指導者に自分のボールを当てる。

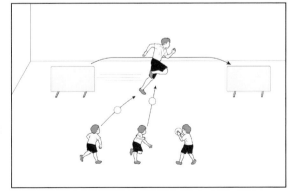

第Ⅱ部　バルシューレの実践プログラム

⑱ 壁紙をねらえ！

| パスのコントロール | 着球点の決定 | | |

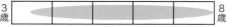

【内容】
　壁のいろいろな高さに紙切れを張り、それを的にして投げる（蹴る、打つ）。

⑲ スカーフをねらえ！

| パスのコントロール | 相手の認識 | | |

【内容】
　指導者が台の上など高い位置に立つ。両手に、スカーフや風船を持ち、どちらかのスカーフを落下させる。プレーヤーはボールを投げてスカーフを狙う。

20 対面風船打ち

| アプローチの決定 | 着球点の決定 | | |

3歳　　　　　　　　　　　　　　　　8歳

【内容】
　2人1組になり、防球フェンス等の仕切りを挟んで、別れてコートに入る。自分のコートに風船を落とさないように相手コートに打ち返す。

【注意事項・バリエーション】
・最初は、仕切りを使わず、交互に打ち返すようにする。
・打ち返す際に、ワンタッチ目は自分でコントロールしてから、ツータッチ目に相手に打ち返す。
・最初は手で打っても良い。
・ラケット使用の際は、安全に十分注意する。
・ラケットの代わりに、柔らかいスティックを使用すると良い。
・風船を2個同時に使用する。

第Ⅱ部　バルシューレの実践プログラム　　169

21 ゴールキーパー

パスのコントロール	相手の認識	着球点の決定	
3歳			8歳

【内容】
　2つのコーンでシュートラインとゴールラインを作る。1人のプレーヤーか指導者がゴールキーパーになる。その他のプレーヤーは、スタートラインの後ろに並び順番にドリブルしてきて、シュートラインからシュートする。シュートが決まれば、キーパーと交代する。

【注意事項・バリエーション】
・能力に応じて、ゴールまでの距離、ゴールの幅を調整する。
・スティックや靴でボールを転がしたり、手でボールをドリブルしたりしても行える。

22 背後ボール停止

アプローチの決定	キープのコントロール		

3歳　　　　　　　　　　　　　　　　　8歳

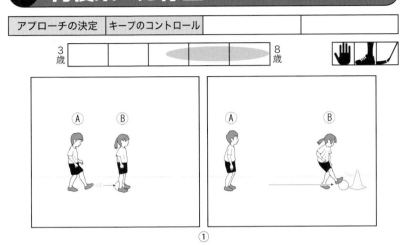

①

【内容】

　図①：Aは、両脚を開いて立っているBの後ろに立つ。AはボールをBの両脚の間を通るように転がす。Bはそのボールを追いかけ目印（コーン）の前で止める。様々な方法でボールを止めると良い。最初は指導者がボールを転がしても良い。

②

【内容】

　図②：AはBの後ろに立ち、Bの前方へと山なりのボールを投げる。Bはボールを追いかけ、ツーバウンドする前にキャッチする。足でボールを止めても良い。

第Ⅱ部　バルシューレの実践プログラム　*171*

23 ボールの軌道を推測

軌道の認識				
3歳				8歳

【内容】

図①：指導者がボールを高く投げ上げ、格子状に4分割されたコートに入れる。プレーヤーはボールが頂点に行く前にどこにボールが落ちてきそうか手で合図する。

①

【内容】

図②：山なりのボールを投げ上げてから、床に座り、座ったままボールをキャッチする。ボールが頂点に来る前に座る。2人組で、投げる方と取る方に分かれて行っても良い。

②

【内容】

図③：ボールを高く投げ上げたら、片手を床の上に置き、この手にボールが当たって跳ね返るようにする。ソフトバレーボールやビーチボールなどが適している。

③

【内容】

　図④：ボールを高く投げ上げ、ボールが頂点に達する前に目を閉じる。ボールが床にバウンドすると思った瞬間に手を叩き、その場で跳ね返ってきたボールをキャッチする（キャッチの直前から目を開いてよい）。バリエーションとして、頭を越してボールを後ろ側に投げることや、何回かボールをバウンドさせてそれに合わせて手を叩く。

④

【内容】

　図⑤：紐やネットをコート中央2mほどの高さに張り（能力に応じて調整）、2人が別々のコートにリングを持って入る。Aが紐やネットを越してBのコートにボールを投げ入れ、Bはボールがリングの中でバウンドするように、バウンド直前にリングを床に置く。最初は協力的にプレーし、その後、対抗的に行う。

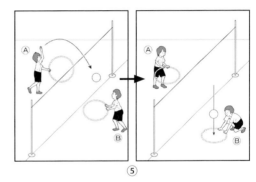

⑤

【内容】

　図⑥：2人のプレーヤー（AとB）が向かい合う。AはBに向かって山なりのボールを投げる。Bはこのボールがバウンドするときに開脚で飛び越す。1人で行う場合は、ボールを壁に当て、跳ね返ってきたボールを飛び越す。

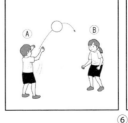
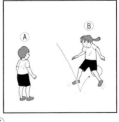

⑥

第Ⅱ部　バルシューレの実践プログラム　　*173*

24 ワンバウンドキャッチ

アプローチの決定	キープのコントロール		

【内容】
　床に置いたリングの中に1人が入る。他のプレーヤーはその後ろに並ぶ。指導者は前方約5mのところに立ち、山なりのボールを投げる。リングの中のプレーヤーはそのボールがツーバウンドする前にキャッチする。同様に他のプレーヤーも順々に行う。

【注意事項・バリエーション】
- プレーヤーはボールをキャッチしたらすぐにボールかごに戻す。
- 慣れれば、バウンドさせずに取るようにする。
- プレーヤーの能力に応じて、ボールを投げる高さや、左右の角度を調整する。

25 ネットボールキャッチ

アプローチの決定	キープのコントロール		

【内容】

　コートの中央に約 2m の高さの紐またはネットを張り、両サイドそれぞれに A と B が入る。A は紐を越すようにして B のコートにボールを投げ、B はそれをキャッチする。そして次は B が同様にボールを投げる。

【注意事項・バリエーション】

・能力に応じてコートの大きさ、紐の高さ、ボールの種類を決定する。
・最初は協力的にプレーさせる（相手がキャッチしやすいように）。
・慣れてくれば、対抗的にプレーさせる（相手がキャッチしにくいボール）。
・バリエーションとして、ボールを足で止める。

第Ⅱ部　バルシューレの実践プログラム　*175*

26 風船あそび

アプローチの決定	味方の認識		

3歳					8歳	

【内容】

　2チームが別のコートに入る。各チームに風船を配布する。スタートの合図でチームで風船を床に落とさず打ち続ける。どちらのチームが長く続けられるかを競う。最終的な風船の数は、チームの人数＋1〜2個が目安となる。

【注意事項・バリエーション】

・ 最初はチーム対抗戦ではなく、1チームで、風船をどれだけ長く落とさないかに挑戦する。

・ 4〜5人のチームに2個の風船を使用し、目的地まで落とさず運ぶ。

・ 4〜5人のチームで手を繋ぎ、足や頭で複数の風船を落とさないようにする。

27 壁打ちキャッチ

着球点の決定

3歳 ─────── 8歳

【内容】
　各自ボールを持ち、壁から2mほど離れる。ボールを壁に向かって投げ（蹴り、打ち）、跳ね返ってくるボールをダイレクトに壁に向かって打ち（蹴り）返す。その跳ね返ったボールを再びキャッチする。慣れれば連続で壁に打ち続ける。

28 ボール打ち返し

着球点の決定

3歳 ─────── 8歳

【内容】
　各自2個のボールを準備する。両手で1個のボールを持ち、そのボールで2個目のボールを壁に打ち返す。様々な大きさのボールを使用すると良い。バリエーションとして、壁に打ち返す代わりに空中に打ち上げる。また、2人で1個のボールを往復させる。

29 ライン鬼

相手の認識			

3歳 ━━━━━━━━━━ 8歳

【内容】

鬼を決め（図では黒ビブス）、他のプレーヤーにタッチする。その際、全てのプレーヤーはライン上しか移動できない。ドリブルを使って行うことも可能である。タッチされたら鬼を交代する。

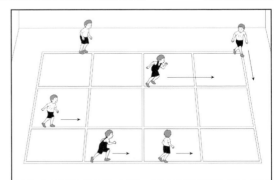

30 こおり鬼ドリブル

味方の認識	相手の認識	キープのコントロール	

3歳 ━━━━━━━━━━ 8歳

【内容】

各自1個のボールを持ってドリブルする。2〜3人の鬼がドリブルしているプレーヤーを捕まえる。鬼に捕まったプレーヤーはその場で片手を挙げて立っていなければならない。他のプレー

ヤーがドリブルしてそのプレーヤーの周りを1周したら解放される。鬼には、よくわかる印をつけ、1分程度で鬼を交代すると良い。

㉛ 変換ドリブル

味方の認識	相手の認識		

【内容】

各自ボールを1個持ってコートに入る。指導者が1から4までの数字を手で合図する。その数字に従い（例えば、1＝ゆっくり、4＝速く、と決めておく）のドリブルの速さを変えて移動す

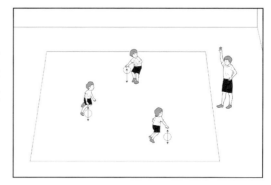

る。バリエーションとして、指導者は、時々自分の位置を変える。また、指導者の合図によってドリブルの種類（手、足）を変える。

㉜ ラインドリブルからパス

味方の認識	キープのコントロール		

【内容】

全員がライン上を自由に動く。半数のプレーヤーは、1個のボールをドリブルしながら移動するが、ボールを持っていないプレーヤーと出会ったら、パスをする。パスの種類やボールの数を

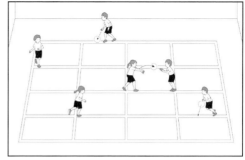

変更して行う。また、ボールを持っていないプレーヤーが腕組みしたときにはボールをパスしてはいけない。

第Ⅱ部　バルシューレの実践プログラム

33 グループドリブル

味方の認識	相手の認識	キープのコントロール	

【内容】

　各自ドリブルしながらコート内を自由に動き回る。約 20 秒たってから指導者は数字をいう（例えば 4）。プレーヤーはできるだけ早く 4 つのグループにまとまる。

【注意事項・バリエーション】

・コート内に障害物を置く。

・ドリブルの種類を変える。

・バリエーションとして、指導者が「4」と言えば 4 人で 1 グループになる課題もできる。

34 壁パス

パスのコントロール	味方の認識		

【内容】

2人のプレーヤーが壁に向かって立つ。2人は互いに1〜3m離れる。一方のプレーヤーがボールを壁に向かって投げ、跳ね返ってきたボールを他方のプレーヤーは、その場を動かないでキャッチする。能力に応じて、壁からの距離、パスの仕方を調整する。また、お互いが1個ずつボールを持ち、同時に投げあう。

35 ショートタッチパス

着球点の決定	アプローチの決定		

【内容】

2人のプレーヤーが互いに3〜4m離れる。1つのボールをダイレクトにパスしあう。その際、ボールはショートタッチする。足でも行うことができる。バリエーションとして2人で横に移動しながら行う。

第Ⅱ部　バルシューレの実践プログラム　　*181*

36 連続壁打ち

着球点の決定

3歳　　　　　　　　　　　8歳

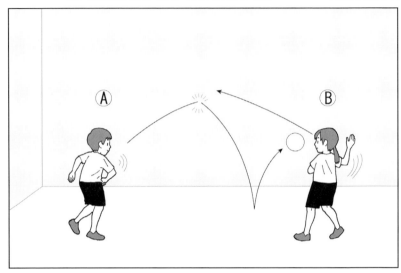

【内容】

　AとBは壁から約2m離れて立つ。よく弾むボールを使用し、Aが壁に向かってボールを投げたら、Bはそのボールをワンバウンドさせてから壁に打ち返す。そして、お互いに壁に当てて打ちあう。

【注意事項・バリエーション】

- コートを作り、競争として行っても良い。
- 左右どちらか苦手な方を使う。
- 右図のように床に打ちつけて行う。

37 コーン間ドリブルパス

| 着球点の決定 | パスのコントロール | | |

3歳 ─ ─ ─ ─ ● 8歳

【内容】
　2本のコーンを離して置き、コーンの間をパスゾーンとする。Aは2本のコーンを行ったり来たりする。BはAがパスゾーンでキャッチできるようにAに向けてボールをパスする。Aはパスをキャッチしたら、ドリブルしながらコーンを回り、Bにパスして返す。

【注意事項・バリエーション】
・AとBの距離はあまり大きくならないようにする。

38 コーン間連続パス

| アプローチの決定 | キープのコントロール | | |

3歳　　　　　　　　　　　　　　8歳

【内容】

AとBはそれぞれコーン2本で作った関門に立つ。AはBに関門でボールを止めるようにパスを出す。そして同様にBはAにパスをする。

【注意事項・バリエーション】

・パスがうまくいくように互いに協力する。
・能力に応じて関門の大きさを調整する。
・様々な種類のパスで行う。

39 四角形パスラン

| キープのコントロール | パスのコントロール | | |

3歳　　　　　　　　　　　　　　　　8歳

【内容】
　4つのリングを準備し、5人が図のように立つ。ボールを隣のプレーヤーにパスしたら、そのプレーヤーは、パスした相手プレーヤーの位置に移動する。

【注意事項・バリエーション】
・最初からパスが困難な場合は次のように段階的に行う。
　①ボールを持って走り、隣のプレーヤーに手渡す。
　②ボールを隣のプレーヤーに転がし、その位置に並ぶ。
・手だけでなく、足やスティックで行う。
・何人でもできるが、人数やリングが多すぎると練習効率が悪くなる。

40 円形パス

| 味方の認識 | パスのコントロール | | |

3歳　　　　　　　　　　　　　　8歳

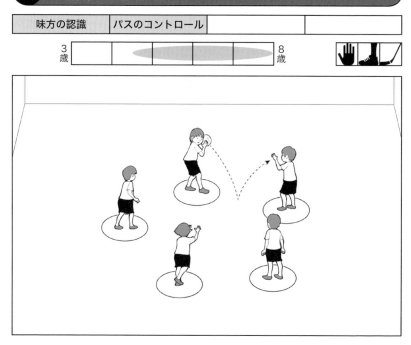

【内容】
　リングを円形に配置し、その中にプレーヤーが入る。隣のプレーヤーに順番にパスしていく。最初は隣のプレーヤーとの間隔を狭くし、手渡しパスから始める。能力に応じて、パスの距離を広げる。指導者の合図でパスする方向を変更したり、1人飛ばしてパスしたりする。

【注意事項・バリエーション】
・複数のボールを使用し、後ろのボールに追いつかれないように速くパスを回す。
・最初は、ボールを転がして次の人にパスしても良い。
・プレーヤーに番号をつけ（図の場合は1〜5番）、指導者は番号を指示する。ボールを持ったプレーヤーは指示された番号のプレーヤーにパスをする。

41 ナンバーパス

| 味方の認識 | パスのコントロール | | |

【内容】
　プレーヤーに1番から順に番号を振り当てる。全員がコートの中に入り、混ざり合って走る。そして1番から2番、2番から3番というようにパスを回していく。最後の番号のプレーヤーは再び1番にパスをする。

【注意事項・バリエーション】
・逆の番号順にパスを回す（5→4→3→2→1）。
・パスの種類を変更する。
・複数のボールを同時に使う。
・一方のボールは手でパス、もう一方のボールは足でパスなど、パスの種類を変える。
・パスした後、4つのコーンを順番にタッチしてからコートに戻るなど、課題を付加する。

第Ⅱ部　バルシューレの実践プログラム　　*187*

42 手渡しドリブル

味方の認識	キープのコントロール		

3歳　　　　　　　　　　　　　　8歳

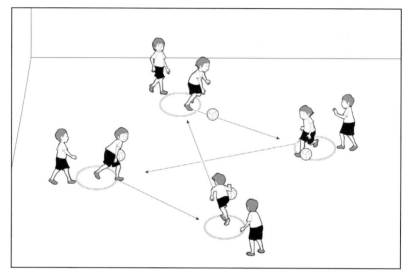

【内容】

　4〜6個のリングかコーンを配置する。それぞれのリングに2〜3人のプレーヤーが入り、一番先頭のプレーヤーがボールを保持する。合図とともに、ドリブルをはじめ、ボールを持っていないプレーヤーがいるリングを探し（自分がスタートした位置以外）、ボールを手渡しでパスする。パスされたプレーヤーも同様にボールを持っていないプレーヤーを探し、ドリブルで移動する。

【注意事項・バリエーション】

・人数は何人でもできるが、多いと練習効率が悪くなる。

43 ドリブルキープ

キープのコントロール

3歳 ― 8歳

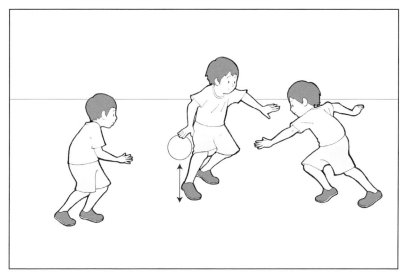

【内容】
　2～3人に1個のボールが与えられる。ボールを持っているプレーヤーはドリブルし、持っていないプレーヤーはそれを奪おうとする。ボールを奪ったプレーヤーは直ちにドリブルをし、奪い合いを続ける。

【注意事項・バリエーション】
・相手を叩いたり、掴んだりしないように注意する。

44 ゾーンパスカット

相手の認識	キープのコントロール	パスのコントロール	

3歳 ～ 8歳

【内容】
2人のプレーヤーが中央ゾーンに入り、他のプレーヤーは外側のゾーンに分かれて立つ。外側のプレーヤーがパスをしあい、中央のプレーヤーはボールを確保するかボールに触ると役割を交代する。パスは頭の高さを超えてはいけない。

【注意事項・バリエーション】
・ ボールを保持したら1歩だけドリブルで移動することを認める。
・ 能力に応じて、ボール保持の時間や、コートの大きさを調整する。

コラム4

バルシューレでスポーツマンを育てる

　近代スポーツ発祥の地、イギリスのオックスフォード辞典におけるスポーツマン sportsman の定義の中には good fellow（＝良い仲間）という説明が含まれている。この定義は、欧米においてはスポーツがスポーツを行う青少年の人格形成に寄与しているという公然の事実に基づいているが、こういった定義は日本のどの辞典のスポーツマンの定義にも含まれていないものである。

　このコラムではこの事実の背景にある欧米におけるスポーツの理解と、その理解がどの様に good fellow の育成に繋がるのかの概略を示すことで、バルシューレ指導を通してのスポーツマン育成の参考にしてもらえたらと思う。

　まず、欧米にはスポーツはゲームであり、ルールによって創られた、日常生活空間とは異なる非日常空間における"遊びの一種"であるという明確な前提が社会の中にある。ゆえに、スポーツは自らが進んで楽しむために行うものであり、また、その楽しさをより大きくするためには、真剣に取り組むことや、勝利にこだわることが当然の要件となるのである。つまり、スポーツは上手い下手に関わらず、真剣に勝利を目指すことを楽しめるものであり、誰もが自身のレベルに応じて自己の限界に挑み、自己の持つ可能性の実現に喜びを見出せるものなのである。そして、こういった理解であるからこそ、スポーツができる環境を構成するルールや仲間や相手や審判などに対しても、自らの楽しさの実現にとって不可欠な要素として、それらに対するリスペクトを失わないし、いわんや、仲間や相手や関わる人々の楽しさを壊すような言動や行動などはあり得ない行為として捉えられるのである。欧米では、こういったスポーツへの価値観に基づいての指導が、幼少の時代から繰り返されることにより、ゲームに負けたときに立派な態度を取ることができる Good loser（良き敗者）という常識にまで至っているのである（髙橋、2012）。

第Ⅱ部　バルシューレの実践プログラム　*191*

コラム5

バルシューレの特性からみる
障害児者福祉分野での実践可能性

　バルシューレは、創造的なプレーができる子どもを育てることを目的とし、基本的な動作や戦術、コーディネーション能力を養うプログラムである。外遊びのオルタナティブとしての側面もあるため、今後わが国で普及してゆく際には、幼稚園や学校、地域のスポーツクラブなどが実践の主なフィールドとなるだろう。特定競技に固執せず子どもの発達段階に応じて柔軟に課題を与えることができるため、特に特別支援学校での体育実践や、インクルーシブな体育授業を展開する際など、バルシューレは有用なコンテンツになると思われる。

　さらに、バルシューレはその特性から、「障害者福祉」、とりわけ発達障害児者や知的障害児者を対象とした福祉サービス分野での実践にも大いに期待できると考えられる。入所施設や放課後等デイサービスといった障害者福祉の分野では、利用者の生活にハリをもたせるためにも、健康の維持・増進のためにも、運動・スポーツは重要な活動と言えるだろう。しかしながら、場所がない・専門的な指導者がいないなどの理由から運動・スポーツを行うことが難しく、行っていたとしても、体操やウォーキングといった比較的負荷の低い単調な活動に終始することが少なくない。バルシューレのもつ特性は、これらの課題を解消する可能性を秘めていると考えられる。

　その理由として、まず、バルシューレは指導者養成のシステムが確立されており、その内容も長期の受講や特別な体力・技術を要するものではなく、理念や指導方法論の学習に力点が置かれている点が挙げられる。楽しみながら運動することと、潜在的学習を大切にするため、指導者は「特定の動作・技術獲得のためにどの点を指摘するべきか」に悩むのではなく、「どうしたら楽しんでたくさん取り組んでくれるか」に頭をひねるのである。そのため、スポーツ指導を専門としてこなかった者であっても、バルシューレの理念や方法論をふまえておくことで、子どもたちに豊かな運動機会を提供することができるようになるのである。

　次に、バルシューレのゲームは用具や場所といった物理的制約を受けにくい点も、福祉分野での実践に適している理由となるであろう。例えば、『的

当て』のゲームでは大小さまざまなコーンを用いてボールで狙うが、コーンを用意できなければペットボトルでも三角錐型に丸めた紙でも構わないし、ボールも何だって構わない（むしろ重さやサイズがまちまちの方が好ましい）。ただし、ある程度強く投げることをさせたい場合には「倒しにくい重めのターゲット」を用意したり、精確に狙うことに主軸を置く場合は「当てにくい小さめのターゲット」を用意したりするなど、ゲーム課題の本質を損なわないことが重要になる。ゲームのエリアもプレーする者の実態や人数、環境などに応じて調整可能であり、立派な体育館や広大なグラウンドがなければ取り組めないという事態は生じにくい。

　最後に、「楽しむこと」を重要視し多種多様なゲームを提供できるという点が、参加動機が楽しみや満足に基づきがちな知的障害児者や、興味の方向に特異性がある発達障害児者に対して、重要な要素となることが挙げられる。発達障害児者や知的障害児者のなかには身体の使い方に不器用さを示す者も多くおり、発達障害の類型には「発達性協調運動障害（Developmental Coordination Disorder：通称 DCD）」という不器用さを主訴とする障害もある。不器用さが目立つ子どもは、自尊心の低下から二次障害を引き起こすことが懸念されており、早期からの適切な介入が求められている。バルシューレは「コーディネーション」が学習要素のひとつとなっているため、様々なゲームを通して、彼らに達成経験や生活課題の解消をもたらしてくれるのではないかと期待される。

第Ⅱ部　バルシューレの実践プログラム　　*193*

日本におけるバルシューレの展開

　1993 年にハイデルベルク大学と奈良教育大学の間に国際交流協定が締結され、1997 年より、ハイデルベルク大学スポーツ科学研究所と奈良教育大学保健体育講座との研究交流が始まった。この共同研究で中心的な役割を果たしたのは、ハイデルベルク大学のクラウス・ロート教授と奈良教育大学の木村真知子教授だった。当初は「生涯スポーツ促進に関する日独比較研究」（平成 9 〜 11 年度科学研究費補助金・基盤研究（B））というテーマで共同研究が実施されたが、その後、ハイデルベルクではバルシューレが躍進していることが分かり、木村教授は奈良教育大学にそのプログラムを取り入れることに着手した。2005 年度に日本学術振興会外国人招聘研究者（短期）としてロート教授を招聘し、日本体育学会で講演をして頂くとともに、奈良教育大学においても講演会＆デモンストレーション「ハイデルベルク大学　子どものためのボールゲーム ABC」（主催：奈良教育大学、後援：奈良県教育委員会、奈良市教育委員会）を開催し、100 名を超える参加者を得て、ハイデルベルク大学のバルシューレプログラムが紹介された。またその年の 11 月から 5 ヶ月間、外国人研究者としてハイデルベルク大学のイェンス・ハーフ氏を受け入れ、奈良教育大学附属小学校で試行したバルシューレプログラムのフィードバックによって、日本の実情に適合した指導プログラムへの改善を検討した。

　2006（平成 18）年度には、「大学教育の国際化推進プログラム（海外先進教育実践支援）」に選定され、5 ヶ月間、ハイデルベルク大学より学術研究員のアンクリスティン・エーリング氏を招聘し、学部専門授業でバルシューレプログラムを展開するとともに、大学の授業以外でも地域の指導者を対象とした講習会を実施した。年度末には再びロート教授を招聘し、講演会とシンポジウムを開催した。こうした研究成果として、木村真知子教授が編著者となり 2007 年に『子どものボールゲーム　バルシューレ』（創文企画）が出版された。

　これを機にバルシューレを取り入れようとするスポーツクラブや小学校からの問い合わせが奈良教育大学に寄せられるようになった。バルシューレプログラムを発展的に日本で普及させるためには、ハイデルベルク大学スポー

ツ科学研究所および奈良教育大学との連携関係に基づきつつ、国内外の研究者とも連携協力しながら、日本での指導者養成とバルシューレ教室の実施等が必要となる。奈良教育大学との連携を保ちつつ、関連諸機関とのネットワークを積極的に構築し、事業を継続的に展開するために、2009 年 8 月に特定非営利活動法人『バルシューレジャパン』を設立した。なおこの NPO 法人には、奈良教育大学の高橋豪仁教授、井上邦夫准教授、石川元美教諭だけでなく、同志社大学の田附俊一教授、筑波大学の岡出美則教授、岐阜経済大学の高橋正紀教授、北海道教育大学の奥田知靖准教授が役員として加わり、バルシューレプログラムの研究や指導者の育成に従事している。また、大学教員だけでなく、岐阜県の西村叡氏や東京都の福士唯男氏も、それぞれの地域において熱心にバルシューレの指導や普及活動を担っている。ただ、誠に残念なことに、木村真知子教授は、NPO 法人バルシューレジャパンの設立を見ることなく、2009 年 6 月に病に伏され帰らぬ人となられた。

　NPO 法人バルシューレジャパンでは、木村真知子先生のご遺志を引き継ぎ、バルシューレプログラムの実施と普及に努めてきた。2011 年にはハイデルベルク大学スポーツ科学研究所との共著で『バルシューレ―幼児のためのボール遊びプログラム』（奈良教育大学ブックレット第 3 号）を発行した。また、2014 年からはバルシューレ指導者の研修認定制度を実施し始め 2016 年末までに C 級指導者の認証を 314 名に付与した。奈良県だけでなく、岐阜県、北海道、東京都においてもバルシューレの事業が展開するようになった。こうした事業を実施する上で、本書は今までのテキストと同様に、或いは最新のプログラムが加筆されている点において、今までのテキスト以上に重要な役割を果たすものである。なお本書に掲載されているイラストの作成にあたって、故木村真知子先生のご遺族から頂いたご寄付を使用させて頂いた。ここに紹介させて頂くとともに、ご主人の木村二郎氏に心からお礼を申し上げる。

　NPO 法人バルシューレジャパンは、2016 年 11 月に、ロート教授が代表を務める「公益法人バルシューレハイデルベルク」と連携協定を締結し、日本におけるバルシューレセンターとしての位置づけを持つようになった。

（NPO 法人バルシューレジャパン）

文 献

デビッド・L・ガラヒュー著，杉原隆監訳（1999）幼少年期の体育　発達的視点から
　　のアプローチ．大修館書店：東京

ハイデルベルク大学スポーツ科学研究所・特定非営利活動法人バルシューレジャパン
　　（2011）バルシューレ―幼児のためのボール運びプログラム．奈良教育大学ブ
　　ックレット第3号，東山書房：京都

Hillman C.H., Castelli, D.M., Buck, S.M.(2005). Aerobic fitness and neurocognitive function
　　in healthy preadolescent children. Medicine & Science in Sports & Exercise, 37(11),
　　1967-1974.

Hoffmann, J.(1993). Vorhersage und Erkenntnis. Göttingen: Hogrefe.

Hossner, E.J.(1997). Der Rückschlagbaukasten: ein integratives Konzept für das Techniktrain-
　　ing. In B. Hoffmann & P. Koch(Hrsg.), Integrative Aspekte in Theorie und Praxis der
　　Rückschlagspiele, 25-39. Hamburg: Czwalina.

Juonala, M., Magnussen, C.G., Berenson, G.S., Venn, A., Burns, T.L., Sabin, M.A., Srinivasan,
　　S.R., Daniels, S.R., Davis, P.H., Chen, W., Sun, C., Cheung, M., Viikari, J.S., Dwyer,
　　T., Raitakari, O.T.(2011). Childhood adiposity, adult adiposity, and cardiovascular risk
　　factors.The New England Journal of Medecine, 365(20). 1876-1885.

木村真知子（2007）子どものボールゲーム　バルシューレ．創文企画：東京

Kibele, A.(2006). (Hrsg.). Nicht-bewusste Handlungssteuerung im Sport. Schorndorf: Hof-
　　mann.

Kolb, M.(2012). Inklusive Gestaltung kompetitiver Team-Spiele-Hinweise zur Unterstützung
　　ausgeglichener Teilhabe trotz heterogener Voraussetzungen. In S. König, D. Memmert
　　& M. Kolb(Hrsg.), Schulsportforschung. Sport-Spiel-Unterricht. Kongressband zum 8.
　　Sportspiel-Symposium der Deutschen Vereinigung für Sportwissenschaft vom 26.-28.
　　September in Weingarten, 33-51, Berlin: Logos.

Kortmann, O. & Hossner, E.J.(1995). Ein Baukasten mit Vollyball-Steinen - Belastung im
　　Volleyball und ein modulares Konzept des Techniktrainings. In F. Dannenmann(Red.),
　　Belastung im Volleyball, 53-72. Bremen: DVV.

Mack, A. & Rock. I.(1998). Inattentional Blindness. Cambridge: MIT.

Memmert, D. & Roth, K.(2007). Teaching games for beginners: the effects of non-specific and
　　specific concepts on tactical creativity. Journal of Sports Sciences, 25, 1423-1432.

Memmert, D.(2007).Kreativität im Sportspiel. Unveröffentlichte Synopse im Rahmen einer
　　publikationsgestützten Habilitation. Heidelberg: ISSW.

箕浦康子（1990）文化の中の子ども．東京大学出版会：東京

文部科学省（2011）体力向上の基礎を培うための幼児期における実践活動の在り方に関する調査研究.

文部科学省幼児期運動指針策定委員会（2012）幼児期運動指針 ガイドブック〜毎日、楽しく体を動かすために〜.

Morita, N., Nakajima, T., Okita, K., Ishihara, T., Sagawa, M., Yamatsu, K.(2016). Relationships among fitness, obesity, screen time and academic achievement in Japanese adolescents. Physiology & Behavior, 163, 161-166.

Ortega, F.B., Silventoinen, K., Tynelius, P., Rasmussen, F.(2012). Muscular strength in male adolescents and premature death: cohort study of one million participants. The BMJ, 345, e7279.

Raab, M.(2000). SMART: Techniken des Taktiktrainings - Taktiken des Techniktrainings. Köln: Strauβ.

Roberton, M.A.(1977). Stability of stage categorizations across trials: Implications for the 'stage theory' of overarm throw development. Journal of Human Movement Studies, 3, 49-59.

Roth, K. (1996). Spielen macht den Meister: Zur Effektivität inzidenteller taktischer Lernprozesse.psychologie und sport, 3, 3-12.

Roth, K., Damm, T., Pieper, M., Roth, C.(2014b). Ballschule in der Primarstufe. Schorndorf: Hofmann.

Roth, K. & Kröger, C.(2011). Ballschule - ein ABC für Spielanfänger. Schorndorf: Hofmann.

Roth, K. & Roth, C.(2009) Entwicklung Koordinativer Fähigkeiten. In Baur, J., Bös, K., Conzelmann, A. & Singer, R.(Hrsg.), Handbuch motorische Entwicklung, 197-225. Schorndorf: Hofmann.

Roth, K., Roth, C., Hegar, U.(2014a). Mini-Ballschule: Das ABC des Spielens für Klein- und Vorschulkinder. Schorndorf: Hofmann.

Simons, D.J. & Chabris, C.F.(1999). Gorillas in our midst: sustained inattentional blindness for dynamic events. Perception, 28, 1059-1974.

髙橋正紀（2012）指導・解説 DVD「一流の『スポーツマンのこころ』〜選手がこれを理解すれば頑張れる〜」. ジャパンライム株式会社：東京

高橋勝（1992）子どもの自己形成空間 教育哲学的アプローチ. 川島書店：東京

高橋勝（2002）文化変容の中の子ども 経験・他者・関係性. 東信堂：東京

特例社団法人 日本小児保健協会（2011）幼児健康度に関する継続的比較研究（平成 22 年度総括・分担研究報告書）.

内山節（1996）子どもたちの時間 山村から教育をみる. 岩波書店：東京

■編者・著者

奥田知靖
博士(教育学)（Tomoyasu Okuda, Ph.D.）
北海道教育大学岩見沢校 准教授
[編集・第Ⅱ部執筆]

佐藤　徹
博士(コーチング学)（Toru Sato, Ph.D.）
北海道教育大学岩見沢校 教授
[第Ⅰ部執筆]

クラウス・ロート
博士（Klaus Roth, Ph.D.）
ハイデルベルク大学 教授、バルシューレの創始者、バルシューレに関する著書・
論文多数
[バルシューレ理論・プログラムの開発、テキスト執筆の監修]

■コラム執筆者

山本理人　教育学修士（Rihito Yamamoto, M.A.）北海道教育大学岩見沢校 教授
[コラム 1]

森田憲輝　博士(医学)（Noriteru Morita, Ph.D.）北海道教育大学岩見沢校 教授
[コラム 2、コラム 3]

髙橋正紀　博士(医学)（Masanori Takahashi, Ph.D.）岐阜経済大学 教授
[コラム 4]

大山祐太　博士(学術)（Yuta Oyama, Ph.D.）北海道教育大学岩見沢校 講師
[コラム 5]

■イラスト

木本朋行　（Tomoyuki Kimoto）イラストレーター

■監修

NPO 法人バルシューレジャパン

※所属は初版発行時

子どものボールゲーム指導プログラム

バルシューレ
～幼児から小学校低学年を対象に～

2017 年 4 月 14 日　第 1 刷発行
2022 年 4 月 25 日　第 4 刷発行

編　　者　　奥田知靖

監　　修　　NPO 法人バルシューレジャパン

発 行 者　　鴨門裕明

発 行 所　　㈲創文企画
　　　　　　〒 101 － 0061
　　　　　　東京都千代田区神田三崎町 3 － 10 － 16　田島ビル 2F
　　　　　　TEL：03-6261-2855　FAX：03-6261-2856
　　　　　　http://www.soubun-kikaku.co.jp

イラスト　　木本朋行

装　　丁　　横山みさと（Two Three）

印　　刷　　壮光舎印刷㈱

©2017 Tomoyasu Okuda
ISBN 978-4-86413-091-2　　　　　　　　　　　　　Printed in Japan
本書の全部または一部を無断で複写複製することは、著作権法上での例外を除き
禁じられています。